JN065495

教員不足クライシス

山﨑洋介・杉浦孝雄・原北祥悟・教育科学研究会 編

非正規教員のリアルからせまる教育の危機

旬報社

はじめに

教員不足・非正規化という教育危機を乗り越えるために

山﨑洋介 ゆとりある教育を求め
全国の教育条件を調べる会

　教員は、かつて人気の職業であった。雇用が安定していて賃金もまずまず。子どもの成長にかかわるやりがいのある仕事で、社会的地位は高い。年金制度も充実していて、退職後の生活も保証されている。児童・生徒の「なりたい職業」調査では、常に上位にランキング。しかし、そんなイメージなど今は昔。残念ながら、それらは過去形の物語となりつつある。

　本書は、教育現場における危機的な教員の状況を、特に教員不足・未配置と非正規化という視点から明らかにするものである。各章において、小学校から大学までの教員、教育研究者、ジャーナリストなど多彩な論者により詳述されるように、その現実は矛盾に満ち厳しい。

　それらの問題は昨今生じたものではなく、以前より教育界に存在していたのにも関わらず、今まであまり問題視され実態が明らかにされることがなかった。学校内部では見ないふりをしてごまかされたり、しかたのないものとして受け入れられてきた。子どもたちや保護者たちには、何がどう問題となっているかが学校の外部からは見えにくかった。

　しかし、「ブラック」と表現される長時間過密労働の実態とともに、教員の置かれている過酷な現実が徐々に明らかになると、教職の人気は凋

落して敬遠され、教育活動が持続不可能となるほど深刻な教員の不足と未配置が生じるに及んで、問題の所在が徐々に露わになりつつある。

　教員は最大の教育条件である。そのため、「教員については、その使命と職責の重要性にかんがみ、その身分は尊重され、待遇の適正が期せられるとともに、養成と研修の充実が図られなければならない」（教育基本法第9条2項）と規定されている。また、「学校教育が次代をになう青少年の人間形成の基本をなすものであることにかんがみ、義務教育諸学校の教育職員の給与について特別の措置を定めることにより、すぐれた人材を確保し、もって学校教育の水準の維持向上に資する」（学校教育の水準の維持向上のための義務教育諸学校の教育職員の人材確保に関する特別措置法第1条）ために一般公務員の給与水準以上の優遇措置が講じられてきた。

　その「身分と適正な待遇」が脅かされている教員の危機は、すなわち公教育の危機でもある。そのことを示すエピソードは枚挙にいとまがない（第2章参照）が、単にスキャンダラスな暴露と告発に終始するのではなく、厳しい教育現場のリアルな分析から教員と教育の危機的な状況を改善する方策を見つけ出し、公教育を守り発展させる展望を切り拓かねばならない。類書はほとんど存在しておらず、本書はその挑戦に取り組むものである。

▌深刻化する教員不足と未配置

　2022年1月、文科省は「『教師不足』に関する実態調査」結果を発表した。全国の公立学校で教員が未配置となり、学校運営に大きな支障が出ている実態の一端が、初めて公式調査によって明らかにされた。調査結果によると、2021年度始業日時点での小中学校の「教師不足」数は、合計2,086人（不足率0.35%）、高等学校217人（0.14%）特別支援学校255人（0.32%）であった。

　これらの調査結果は、驚きをもって受け止められ、マスコミにも広く

報道された。しかし、教育現場からは、調査結果の内容が実態を正確に反映していない過少な数値であり、「教師不足」状況はますます深刻化しているという声が上がった。

　文科省発表では、主に産休・育休・病休等の代わりの教員が「不足」しているとされた。しかし、教員免許は有しているものの教職への道を進まなかったり諦めたりした「潜在教員」は約100万人いると推計されている。したがって、この「不足」状態は、教員免許保持者を教職へと向かわせるような教員の身分の尊重と適正な待遇を保障できていない教育政策が招いた結果だと言えよう。

　国や自治体、そして法人や学園の財政難、経営難を背景とする給与費負担軽減・抑制の手段として非正規依存が強められてきており、本来、無期雇用・好待遇で迎えるべき教員を劣悪な条件で「安上がり」に非正規雇用し続けてきたツケがまわってきたのである。特に、教職員給与費保障制度を弱体化し、様々な「規制緩和」措置によって非正規教員の任用多用へ自治体を向かわせるような制度改正（第1章参照）を次々に行ってきた政府の責任は重い。

▍進む教員の非正規化

　少子化により教員定数全体が減少する中、非正規教員は数、割合とも増え続けている。「ゆとりある教育を求め全国の教育条件を調べる会」の調査によると、公立小中学校の（事務職員等を含む）県費負担教職員の有期任用（再任用も含む。非常勤教職員は勤務時間で人数に換算し計算）に限ってみても、非正規教職員は、2007年度の6万3949人から2021年度には11万5541人へと約1.8倍に増えている（第4章参照）。文科省の調査では、2021年度の公立学校の非正規教員率（再任用者も非正規に含む）が、小学校17.1％、中学校17.7％、高等学校18.7％、特別支援学校22.4％であったと発表され、小中学校より高等学校、特別支援学校の方が非正規率は

高い傾向にある（『教師不足』に関する実態調査）。また、文科省調査の対象となっていない市町村費教職員や教員以外の教育スタッフはほとんどが非正規職であることから、教育現場全体ではさらに高い非正規率であることが推察される。

　一方、私立学校・園・大学や、独立行政法人などに雇用される教職員は、公務員よりも非正規雇用される傾向が強く、さらに保育園や学童保育などの保育・福祉現場では、正規教職員より非正規教職員の方が多数という職場も多い。もはや、日本の教育・保育現場は、非正規労働により成り立っているといっても過言ではない。

　教職員の非正規化が進められている主な理由は、自治体や学園、法人の財政難による教職員給与費負担の抑制と削減にあるが、急速に進められようとしている教育・保育のICT化、学校・園運営や教育・保育活動の民間教育企業・団体への外部委託化は、教職員の非正規化に拍車をかけようとしている（第4章参照）。ある校長先生が発した「政府は、この国の教育を、非正規とタブレットにさせようというのか」という嘆きは、現在の教育の有り様を象徴している。

　非正規教員の増加は、学校教育に深刻な影響を及ぼしている。①正規教員と同様の処遇を与えられず教員の実力を十分に発揮することができない、②雇用期間が限定されるため教育活動の集団性・継続性の確保を困難にしている、③非正規比率の多い学校では非正規教員が学級担任や部活動顧問など重要な業務を担当させざるをえなくなり、過重労働となっている、④特に待遇の悪い非常勤講師は、学校に働く「ワーキング・プア」となっている、⑤非正規雇用の多用が教員供給を不安定化させ、教員不足・未配置の大きな要因となっている、⑥正規教員が担わざるを得ない業務が少ない正規教員に集中しているなど、学校教育活動に支障をきたしている（第2章参照）。

　しかしながら、重大な教育問題であるにも関わらず、これまで教職員

の非正規化進行に対する学校内外の問題意識は薄かったと言わざるをえない。校内のどの先生が非正規なのか保護者や子どもたちには明かされないため、問題の所在さえ認識されにくかった。教育学の対象としては、労働条件の貧困の一例として問題視されることはあっても、教職の非正規化がその専門性に及ぼす影響や教育全体にもたらす問題等について正面から向き合い、十分な研究がなされてきたとは言い難い。

　そして、教育行政は、非正規教員の任用を多用し、依存してきた。高倍率の教員採用試験で受験者をふるい落とすことで生まれる大量の「不合格者」を非正規教員として教壇に立たせ、産・育休取得者などの臨時的な代替だけでなく、年度当初から学級担任などを担う教員定数内にさえ常勤職として配置することを繰り返し、なかば制度化してきた。そして、その正確な実態を明らかにする調査さえ行われなかった。

　非正規教員の問題は、ともすれば教員採用試験に合格できない教員個人の能力や自己責任とされてしまいがちであった。不安定な身分や正規教員との待遇格差がやむを得ないことと当然視されるなど、教育全体に関わる問題として十分に認識されてこなかった。そのため、尊重されない身分と悪い待遇での雇用の継続に不満と不安を抱えながら働き続ける非正規教員は、教職への希望を失くしてしまう例も多い。

　そんな中で、雑誌『教育』2022年3月号、10月号が、「STOP! 教職員の非正規化」を特集した。様々な教育現場における非正規化のリアルな実態とその問題点の整理を行い、教員の非正規化の本質は何かを問題提起することを目的として編集されたこの特集が画期となり、その後、様々なマスコミで注目を集めるようになった。本書は、この『教育』誌に掲載された論文を中心に増補し再編集したものである。

▌教員不足・非正規化の克服のためには

　それでは、教員不足・非正規化を克服するためには何が必要だろうか？

それは、教員定数を増やして正規教員をもっと採用することである。正規教員を増やしその待遇を改善することにより、長時間過密労働を解消して勤務時間内に専門性を発揮する時間を確保してこそ、教職をやりがいのあるものにすることができ、「教職離れ」を克服することができる。

　そのために決定的に不足しているのは教育費支出だ。財務省は、国家財政再建を理由に教育予算の削減を強力に推進し、文科省の教職員定数改善等の増額要求をかたくなに拒んでいる。OECD（経済協力開発機構）の調査では、日本の公的教育費支出のGDP比の値が毎年のように加盟国最低レベルを記録しており、せめて加盟国平均並みに支出すれば数兆円単位の教育費増を実現できる。安倍元首相が「国難」と表現した少子化が急速に進む中、社会全体が先細っていくような閉塞感を打開していくためにも、教育施策の一層の充実とそのための予算増が切望される。

▌公教育の構造的危機

　教員定数が減り続ける中、文科省は、ICTを活用したオンライン遠隔教育やAIによる「個別最適化」された個別学習を推進し、その中で教員の役割に関してティーチング（教える）よりコーチング（導き出す）を重視し、教員の教育活動を「縮小化」しようとしている。しかし、それは、今以上に教育の質を下げ、自己責任的な自学自習化する危険性がある。

　「人格の完成」を目指して取り組まれてきた全般的包括的な教育活動を軽視し、学校の役割を狭い学力形成に限定あるいは特化する教育課程は、教員が教科指導に加えて担ってきた多様な教科外活動や学校行事、学級指導などの豊かな教育活動を縮小させる。そして、教科指導そのものも教員の複数校兼務や外部委託に向かわせる可能性が高い。

　また、「学校における働き方改革」は、教員の労働を「合理的」に「在校等時間」のみにより管理し、教員の仕事の一部を非常勤スタッフにより外部委託しようとしている（第3章参照）。「令和の日本型学校」の「義

8

務教育9年間を見通した指導体制」づくりにおいては、教員の複数校兼務や「乗り入れ授業」、「外部人材」を含む非常勤講師配置によって「小小連携」「小中連携」「小学校教科担任制」を実施しようとしている。

　こうした教育・教員観と教員人事は、ますます教員の非正規化を推進させ、民営化に道を開いていくことになるに違いない（第4章参照）。これらの政策の推進は、教員の身分をより大きく揺るがし、不安定化させるものになるであろう。そのような教育の中で教員は教職の魅力や働きがいを感じられるのだろうか。

　つまり、教員の不足・非正規化の問題に象徴される現在の教員の危機は、これからの教育の在りようと深く関係し、公教育が変質して持続不可能なものとなるかもしれぬ兆候として現れている。それは単に教員の労働問題にとどまらず、公教育全体の構造的な危機だと言える。

　これらの危機を招いている根本的な原因は、教職員定数削減、非正規依存、長時間過密労働放置など、日本の教員政策の意図的貧困化にある。そのことが、教員の専門性を失わせ、子どもの危機に対処する日本社会の力量そのものを大きく衰退させ、社会全体の危機を招きつつある。

　したがって、教員不足と非正規化の問題を、少子化進行により教員需要が落ち着けば緩和されるに違いないと軽視したり、教員個人の努力や自己責任として矮小化したりすることなく、構造的な教育危機に対する焦眉の課題としてその克服に取り組む必要がある。正規化を含む待遇改善と教員定数の増員を通して、安心して子育て・教育できる社会を実現するため、幅広く共同することが求められる。本書がそのための一助となることを願う。

（注）本書では有期雇用の教員を非正規教員としている。詳細については第4章を参照いただきたい。

目　次

はじめに
教員不足・非正規化という教育危機を乗り越えるために

山﨑洋介 ゆとりある教育を求め全国の教育条件を調べる会　　3

第1章
教員不足・非正規化の実態

教員不足の実態とその背景
非正規教員の不足とどう関係しているのか　　16
佐久間亜紀 慶応義塾大学教授

「教員不足」に追い詰められつつある
教育行政　　　　　　　　　　　　　　　　　　　28

大久保昂 毎日新聞記者

「使い捨て」にされる教師たち
非正規教員のリアルな実態とは　　　　　　　　　36

佐藤明彦 教育ジャーナリスト

第 **2** 章
もう限界!　現場の声

非正規に支えられる学校教育　　　　　　　　　50

長澤裕 静岡市立中学校教員

限界間近の現場からの声　今すぐ教員を!　　　61

永峰博義 兵庫教職員組合書記長

学校現場で非正規教職員を続けてきて
宮本健史 小学校臨時的任用教員
73

非常勤講師にも誇りと尊厳を
黒澤順一 東京都時間講師
80

非常勤教員に残業代を
上村和範 愛知・臨時教員制度の改善を求める会代表委員（名古屋市臨時教員）
88

第 **3** 章
私学、大学、教育行政は今

私学の存立と「非正規」教員問題
葛巻真希雄 全国私教連書記長
102

大学非常勤講師の実態と待遇改善　　　　110

江尻彰 関西圏大学非常勤講師組合書記長

非正規雇用のための
雇用マッチング組織の問題性　　　　125

小宮幸夫 ゆとりある教育を求め全国の教育条件を調べる会会長

第 **4** 章
教員不足・非正規化と教育の未来

非正規教員とは?　　どのように増えているのか?　　140
山﨑洋介 ゆとりある教育を求め全国の教育条件を調べる会

専門性からみた非正規教員の任用拡大
教職全体の問題としての非正規教員問題　　　　158
原北祥悟 崇城大学助教

教育改革の終着地としての教職のディストピア
「教員不足・非正規化」問題のゆくえ　　　　　　171
児美川孝一郎 法政大学教授

おわりに
先生が足りない、教育が危ない
ともに危機の克服へ　　　　　　183
杉浦孝雄 公立高校教員

用語集　　　　　　185

非正規教員に関連する文献リスト　　　　　　191

第1章

教員不足・非正規化の実態

教員不足の実態と
その背景
非正規教員の不足とどう関係しているのか

佐久間亜紀 <small>慶応義塾大学教授</small>

▌はじめに

　非正規教員という言葉は、ほんの十数年前までは全く耳慣れない言葉
だった。私は2000年に初めて大学の専任教員の職を得た。大学教員とな
った私の歩みは、日本における教員の待遇が、日に日に厳しさを増して
いく道のりと重なっていた。こんな政策を続けていてはアメリカのよう
に教員志願者が減ってしまうと、雑誌『世界』をはじめ各種媒体で警鐘
を鳴らし続けてきたが、残念ながら予想された通りの現実を目の前にす
ることになった。敗北の20年だったという思いが胸をよぎる。

　非正規教員の拡大についても同様だ。2006年頃、私は放送大学の教科
書『転換期の教師』（油布佐和子編、2007年）の原稿を執筆していた。当
時、すでに臨時的任用教員（以下、臨任）が増えていて、臨任や非常勤講
師が見つかりにくいという声を耳にしていたが、彼らの存在とその仕事
は、シャドー・ワーク（影法師の仕事）に留められ、教員にさえその重要
性が十分に認識されているとは言いがたかった。そこで、臨任や非常勤
講師という存在の多様性や問題点をきちんと指摘したいと思ったのだが、
その対象を指し示す言葉自体がないことに気付かされた。

　臨任や非常勤講師などの存在を、どう総称したらよいのか。教科書は長く使われるので、うかつな語は使えない。ずいぶん悩んだ末、新聞の経済欄で少しずつ見るようになっていた「非正規雇用」という語と「教員」をつなげて「非正規雇用教員」という語を作り出し、教科書を執筆したのだった。刊行された時は、耳慣れない語だと言われたものだったが、残念ながら今や「非正規教員」という語は広く知られるようになってしまった。

　我が身の非力に打ちひしがれそうになるが、それでも、やはり座して見ているばかりではいられない。今、最も気になるのは、何のどのような状態を教員不足というのか、教育界にさえ共通認識がないことだ。このままでは、教員不足の問題と非正規教員の問題とがどう関係しているのか、ましてや何が課題になるのかを、生産的に議論することは難しい。

　そこで本稿では、佐久間研究室がおこなった実態調査をもとに、まず不足の実態を捉える視点を共有した上で、なぜ・どのようにしてここまで深刻な教員不足がもたらされたのかを整理したい。そして、非正規教員の問題が、教員不足の問題とどのように関係するのかを明らかにし、取り組むべき課題を示そう。

▌教員不足を捉える5つの視点

　私の研究室が実施した調査[1]から、教員不足を定義する際には5つの視点が重要になることが明らかになった。5つの視点とは、①いつの時点の不足か、②どの地域の、③どの校種・教科の、④どの雇用形態の教員の不足か、そして⑤何を基準にした誰にとっての不足か、である。以下、説明しよう。

　まず、教員の不足数や配置数は、一年中変化している。先生も怪我や病気をするし、産休に入ったりするからだ。つまり、①いつの時点での調査かによって、教員の不足数は変わる。2022年に文科省が公表した初

の全国調査では、東京都など多くの自治体が「不足ゼロ」と回答したが、それは4・5月時点の、すなわち最も教員が多く配置されている時期の不足数を意味していたことになる。

　私たちが調査したすべての自治体で共通して、2学期3学期になるにつれて、教員不足が深刻化していた。年度当初には勤務していた教員が、産育休や病休に入っていくのに、その代替者が見つからないためだ。教員不足の実態を把握し、その対策を国全体で考えるためには、不足が深刻な年度末の不足数を調査しなければならないことが明らかになる。しかし未だその全国調査は実施されていない。

　また、不足の状況は②どの自治体・地域かによっても異なる。2000年代以降に進められた地方分権により、各都道府県・政令指定都市が独自の教育政策を進めるようになったため、自治体によって教員の数も待遇も、同じではなくなった。さらに、同一の自治体の中でも、住宅造成などによって人口が増えている地域と、過疎地や離島とでは、不足の状況も、不足への対策も異なることに注意が必要だ。

　③どんな校種・教科の教員が不足しているかも、非常に重要だ。学校種別にみると、前記の文部科学省の全国調査では、教員不足が生じている学校の割合は、小学校4.2%、中学校6.0%、高校3.5%に比べ、特別支援学校が11.0%と高かった。また非正規教員の割合も高く、再任用も含めれば22.4%に上る。特別支援学校の子どもと教員に、大きなしわ寄せがいっていることがわかる。

　教科別にみると、佐久間研究室の調査した複数の自治体では、中学校では技術・家庭科や美術科、そして国語科や英語科で不足が深刻だった。小学校や中学校で教えるには、高校や大学で教えるよりもずっと幅広い知識や技能が求められる。例えば、技術科の場合は、木材加工・電気・情報基礎・金属加工・機械・栽培のような広い領域をカバーする専門知識と技能が必要だ。少ない授業時間数に幅広い教育内容を詰め込み、効

率的に学習させなければならない。高度な専門性が必要なので、誰でも教えられるわけではないのである。

▌ 誰にとっての不足か

　実態把握とその対策に最も重要なのは、⑤何を基準にした誰にとっての不足なのか、という視点である。私自身が調査を行ってみて驚いたのは、国が把握できる不足と、都道府県・政令市が把握できる不足と、市区町村が把握できる不足がそれぞれ異なっていた点だ。つまり、2000年代以降の地方分権改革の結果、いま日本全体でどれくらい教員が不足しているのか、その全体像を誰も把握できない状態になっていた。

　すなわち、国は、いわゆる義務標準法という法律に基づいて、標準的な教員数を決定し、その人件費の三分の一を地方自治体に交付する。各都道府県・政令指定都市は、国の定めた定数を元にして、中長期的な正規教員の採用計画をたてるとともに、国から交付される当該年度予算を元に、毎年の教員配置数を独自に決めている。さらに市区町村も、独自の予算で教員配置を行う場合がある。前記の文科省調査においても、都道府県・政令指定都市を対象に調査が行われたため、市区町村配置の教員数は不明のままなのである。

　しかし、子どもからすれば、不足している先生の人件費の出所が、県であろうと市であろうと、いるべき先生がいないことには変わりがない。要するに、国からみえる不足の実態と、学校現場からみえる不足の実態は異なっているのであり、学校現場の実態に即した研究や政策が切実に必要とされているのである。

▌ 教員不足には４段階ある

　なぜこれほど教員不足が深刻になってしまったのかを理解するには、④どの雇用形態の教員が不足しているか、に着目して整理するとわかりや

すい。すなわち、どの雇用形態の教員が不足しているかによって、教員不足は4段階に整理できる（図1）。

図1　雇用形態別の不足実態

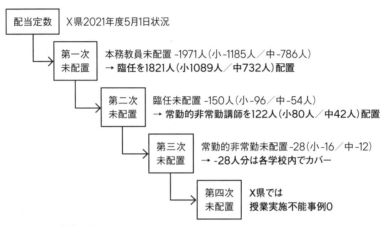

そのほかの非常勤講師:762人

　第1段階は正規雇用教員（以下、正規教員）の欠員である。本来であれば、毎年度の4月には、全ての教室に専任教員が配置されていることになっている。いわゆる義務標準法の定めでは、子どもの数に即して学級の数が計上され、さらに学校規模ごとにプラスアルファの教員数が加算されて、標準的な教員数が導きだされる。ところが、後述するようなさまざまな理由から、2001年以降徐々に、配置されているべき正規教員が年度当初から欠けるようになってきたのだ。

　本来ならいるはずの正規教員がいない場合、教育委員会は任期付きで働く常勤の臨時的任用教員（以下、臨任）を配置しようとする。しかし、臨任がみつからない場合は、不足の第2段階となる。

　すると教委は仕方なく、常勤的な働き方をしてくれる非常勤講師を探

し、配置しようとする。この非常勤講師は、本来ならいるはずの正規教員の仕事の替わりをする先生なので、なんと「常勤的非常勤」と呼ばれており、特定の教科の授業だけを担当する一般的な非常勤講師とは異なる働き方をする。この、常勤的非常勤講師さえ、部分的に配置できない状態が、教員不足の第3段階となる。

　常勤的非常勤講師もみつからないと、「あとは学校で対応して下さい」ということになる。そこで各学校は、教頭が担任を持ったり、教員が持ち授業数を増やしたりして、なんとか授業を実施しようとするのである。それでも対応しきれず、授業が実施できなくなった状態が、不足の第4段階となる。

　つまり、全教室で授業が行えているからといって、教員が不足していない訳では全くないのである。まずもって、この事実を理解することが、非常に重要となる。

▌不足は教員の自己犠牲でカバーされる

　具体的に、佐久間研究室が調査を行ったX県の2021年の実態をデータで見てみよう（図1）。この県では、5月1日時点で正規教員の不足が小・中学校合計で1,971人だった（第1次未配置）。学校数で割ると、一校あたり約4人の正規教員が不足していたことになる。

　そのため、臨任を1,821人も探して、年度当初に全員配置した。この臨任は本来であれば、2学期、3学期と進むにつれて産休や病休に入る先生の代替者となってもらうはずの先生たちだったが、4月の段階ですでに代替者を配置しきってしまったことになる。そして、それでもなお正規教員の不足を補うには足りず、150人も不足していた（第2次未配置）。

　教育委員会はやむなく、常勤的非常勤講師を122人見つけて配置し、不足を部分的にカバーしたが、28人分については全く代替者がみつからなかった（第3次未配置）。その結果、各学校は自力での対応を迫られ、教

員たちが自己犠牲的に担当授業数を増やすなどして、不足教員分の授業を実施していたのである。

　不足教員分の仕事を、教員たちが自助努力で補った結果、この県の5月時点では、授業が実施できなかった事例（第4次未配置）は報告されていなかった。しかし、それは現職教員たちが、不足教員分の授業を必死でカバーする自己犠牲によって支えられた結果に過ぎないのである。

　このように、「教員不足で授業が実施できなかった」と報道されてしまうような第4段階の不足はほんの氷山の一角にすぎず、それ以前の第2，第3の不足段階で必死の対応がなされていることが、もっと世の中に知られる必要がある。

　ちなみに、不足教員分の授業を、本来の自分の仕事に加えて担当しなければならなかった教員たちは、その使命感や自己犠牲的献身を褒められるどころか、「働き方改革だから残業するな」と注意され、自宅で授業の準備をさせられている。これを理不尽と言わずしてなんと言うのだろうか。働き方改革をせよと迫るなら、まずもって教員が不足教員分の仕事までしなければならない環境も改善しなければならないことがわかるだろう。

▎教員不足と非正規教員問題の関係

　以上のように、教員不足を4段階に整理すれば、教員不足の問題が、非正規教員の問題とどう関係しているかが見えてくる。

　私たちが調査した複数の自治体のデータに基づけば、教員不足の最大の原因は、第1段階の不足が大きすぎる点にあった。つまり、配置した正規の先生が勤務できなくなったために仕方なく非正規雇用の先生を配置するのではなく、最初から正規教員を非正規に置き換える教員配置計画になっていたのである。その結果、非正規の需要が大きくなりすぎ、非正規の先生に依存しなければ学校が運営できない体制になってしまった。

そのため、第2、第3段階でも補充しきれなくなり、最終の第4段階として、現職教員が不足教員分の仕事もさせられる過重労働に追い込まれていったのである。

　正規教員の不足が長期化するにつれ過重労働も慢性化し、教員が病気になったり、辞職に追い込まれたりしてさらに不足が深刻になるという悪循環が生じるに至った。現在ではそして、過酷な労働実態が社会に知られるようになると、そもそも教職を志願する人が減り、正規教員の採用を増やしたくても増やせなくなり、悪循環に拍車がかかっている。

なぜ非正規教員が不足するようになったか

　年度当初から正規教員を非正規に代替する教員配置計画を進めたこと、つまり正規教員の配置を過剰に削減したことが、教員不足の悪循環を生んだことは、どれほど強調してもしすぎることはない。教員不足の悪循環が生まれた原因は、臨任のなり手が減ったことではなく、正規の過剰削減により臨任の需要が大きくなりすぎたことの方なのである。

　X県の事例をみても、2021年度1月時点で産育休取得者は867名、病休者は87名だった。つまり年度当初から、義務標準法で定められた標準の教員数が正規教員で配置されていれば、年度途中で生じた産育休・病休代替の需要合計954人に対し、臨任1,821人で十分に対応でき、それでもなお867人もの人が臨任になりえたことがわかる。少なくとも、佐久間研究室が調査した自治体のデータを見る限りでは、教員不足の根本的な原因は、臨任になる人材が不足していることではなく、正規教員の臨任への置き換え数が大きすぎることの方だと言える。

教員不足を引き起こしたマクロな構造

　なぜ、4月にいるべき正規教員がいなくなってしまったのか。ここでは、マクロな視点から、三つの理由を指摘しよう。きっかけは、2000年

代に始まった地方分権改革だった。2001年のいわゆる「義務標準法」の改正や、2004年の義務教育費国庫負担制度に総額裁量制を導入する改革によって、教職員給与費の総額範囲内であれば、教員の数や給与や待遇を、地方自治体が決められるようになった。

　ところが、国から自治体に交付される教育予算が増える見通しは立たなかった。国が実施してきた教職員定数改善計画は、2005年に第7次をもって停止され、その後教員を正規雇用するための基礎定数はほとんど増やされなくなった。増やされたのは、単年度しか予算が保障されない教員数（加配定数）が中心だった。さらに、2006年からは地方公務員の定員削減計画も始まった。

　その一方で、住民からの少人数学級化の要望は根強いし、地方自治体の首長にとって教育改革は選挙公約の目玉になりうる。そこで各自治体は、正規教員の人数や給与を減らし、浮かせた予算を財源にして非正規教員の雇用を促進し、少人数学級化などの独自の教育改革を進めてきたのである。これが四月から正規教員がいなくなった最大の理由といえる。

　第二の理由は、非正規教員の需要を増加させたのに、その供給への対策が何もなされなかったことだ。2001年以降、大量採用時代の教員が各地で定年を迎え始め、2000年を境として教員採用数が増加に転じた。教職を目指す人はすぐに正規採用されやすくなり、臨任になりうる層は減少し続けたのだ。世代の若返りと共に、産休・育休取得者が増えたことも、非正規教員の需要を増加させていた。ところが国は、非正規教員の供給源をもたらす教育改革を進めた。2007年の教育職員免許法改正で、教員免許が取りにくくされた上、更新制導入で有効期限が10年間にされた。

▎労働環境の悪化と悪循環

　第三の理由は、教員の労働環境の悪化である。財政改革で教員数は減らされたのに、教育改革で教員の仕事は増やされ続けた。例えば、小学

校では08年と17年学習指導要領の改訂で年間授業時数が大幅に増やされ、小学校外国語科など新教科も増やされた。21世紀型学力観が唱えられ、授業方法や評価方法の大改革にも対応を迫られた。

　しかも2000年代以降、貧困や家庭内暴力、いじめなど、学校内外で子どもが直面する問題が深刻化したり、社会の価値が多様化し、道徳教育や性教育、歴史教育などをめぐる対立が激化したりするなど、教員の仕事はますます難しくなった。授業の準備だけをとっても、以前よりも多くの時間が必要とされる時代になったのである。

　必然的に教員の労働実態は悪化し、2013年OECD国際教員指標環境調査でも、日本の教員の長時間労働が世界最悪レベルであることが明らかになった。また、公立学校教員の休職者に占める精神疾患の割合は1992年以降増加し、2007年以降は5000人前後で高止まりを続けている。

　注目すべきは、育休の長期化傾向だ。私達が調査した自治体では、育休の取得期間が大幅に長期化し、代替教員（非正規）の需要を上げていた。2014年では、育休2年未満で現場復帰する教員が97.1％で、3年以上が2.9％だったが、2018年では3年以上が36.9％に上っていた。復帰すると激務が待っているため、なかなか職場復帰できないのである。

　以上の過酷な労働実態が社会に知られるようになり、教員志望者が減り、教員不足を悪化させる悪循環が生まれてしまったといえる。

教員不足の何が問題か

　取材を受けたメディア関係者からは、「授業が出来ているなら問題ないのではないか」という声も聞いた。教員が不足すると、どんな影響が生じるのだろうか。

　教員への影響として、労働環境の悪化が指摘できる。なかでも正規教員一人当たりの仕事量の増加が著しい。学校には管理運営に関わる業務や教育実習生の指導など、非正規教員には頼めない仕事がたくさんある。

例えばX県では、上述のとおり一校あたり約4人の正規教員が非正規に置き換わっていて、4人分の正規教員でなければできない仕事を他の正規教員が処理しなければならなくなっている。

　子どもへの影響としては、学習環境の悪化がある。私がインタビューした教員の多くは、本来ならもっと丁寧に子どものノートをみたり、話を聴いたりしたいのに、多忙でそれができないと嘆いていた。表面上はなんとか授業が実施できていても、本来なら出来たはずの授業や指導の質が保てなくなっているというのである。

　子どもにとってさらに重要なのは、教職員との信頼関係が築きにくくなる点だ。子どもにとって学校は、学習だけでなく生活の拠点でもある。やっと新しい先生の顔を覚え、慣れたところでまた先生が変わったりしては、生活そのものが安定しなくなる。特別な支援を必要とする子ども達はなおさら、環境の変化に弱い場合が多い。

　最も重要なのは教職そのものへの長期的な影響である。教職の労働環境が悪化し、教職経験年数の短い教員が増えると、教職の専門職性が低下することが、諸外国の研究から明らかになっている[2]。例えば、19世紀初頭から教職の待遇改善に消極的な地域が多いアメリカでは、慢性的に教員不足に苦しむ公立学校と、優秀な教員を抱えるが学費が高額な私立学校の格差が著しく、社会の分断が進んでいる。専門性をもった先生がきちんと確保された公立学校を維持することは、日本社会全体のセーフティネットとしても、非常に重要なのである。

▎解決の方向性とは

　非正規教員への過度の依存を止め、教員不足の悪循環を止めるにはどうしたらよいのか。

　まず、教員不足を、子どもにとっての不足という視点（⑤の視点）から捉えることを共通理解にする必要がある。そして、学校現場における不

足の実態を捉えていく必要がある。そのためにも、最も不足が深刻な3学期を基準にする必要がある（①の視点）。文科省には、追加の全国調査を実施して、全国的な不足の実態を把握し、政策立案の土台にするよう要望したい。また教員不足は領域横断的な問題なので、教育学や財政学など、様々な領域で多角的に実証的な研究が進められる必要がある。

　対策を考える際には、②どの地域の、③どの校種・教科の教員不足への対策かを、丁寧に議論する必要がある。2023年現在で文科省は、適切な人を見つけたら特別に免許状を授与できる制度を活用せよ、という対策を示している。これは人口が少ない地域では絵に描いた餅だし、教科によっても効果に差がある。少なくとも不足が最も深刻な技術科については上述のように有効な対策とはなりえない。

　根本的な対策としては、教員不足の発端が、地方公務員の定数削減などの一連の改革と連動した正規教員の過度の削減や非正規教員への置き換えにあったのだから、せめて義務標準法が定める標準の教員数については、きちんと正規教員として雇用していくことが重要になると考えられる。ただし、教員不足の悪循環はいわば重症化しており、教員志願者の減少が深刻で、教員採用数を増やしにくい状態になってしまっている。しかしそれでも、国が中長期的な教員定数改善計画を示し、財源を保障する姿勢を示すことで、地方自治体がゆっくりと正規教員を増やしていく見通しをもてたなら、教員の労働環境が改善されていくという希望が共有され、教職人気も戻り、悪循環を好循環に転換していける可能性がひらかれるだろう。

---

(1) 佐久間亜紀・島﨑直人「公立小中学校における教職員未配置の実態とその要因に関する実証的研究」『教育学研究』第88巻4号、2021年、558-572頁。
(2) アンディ・ハーグリーブズ『専門職としての教師の資本』金子書房、2022年。佐久間亜紀『アメリカ教師教育史』東京大学出版会、2017年。

「教員不足」に追い詰められつつある教育行政

大久保昂　毎日新聞記者

　教育行政を巡り、近年の最もホットなキーワードとなっている「働き方改革」。日本の公立学校の教員の異常とも言える長時間労働に注目が集まり、文部科学省や教育委員会が負担軽減に向けて知恵を絞るようになった。働き方改革が必要とされている背景の一つとして、教員のなり手が思うように集まらなくなってきたことがある。小学校教員の採用倍率が2倍を切る地域は今や珍しくない。出産や育児、病気などの理由で休暇を取得する教員が出た場合、代役の先生は容易には見つからず、管理職が授業を担当したり、自習が続いたりする事例があることが報道などで明らかになっている。本稿ではこうした現場レベルの問題に加え、教員不足が文科省や教育委員会の政策実現の大きな足かせとなっている点を指摘したい。

▎異例のスピード審議で教員免許更新制の廃止が決まった背景

　「もちろんやりたいと思っている。だけど、先生が足りないんだ」
　2022年3月の夜、私は東京都心の中華料理店で、文教政策に大きな影響力を持つ自民党の有力者と向き合っていた。私が年度末で文科省担当を離れることが決まったため、ささやかな送別の席を設けてくれたのだ。

私が文科省の記者クラブに籍を置いていた2年間の中で大きな山場の一つとなったのが、2021年度の予算編成で実現した小学校全学年での「35人学級」の導入だった。当時、霞が関や永田町を走り回った日々を振り返りながら、「中学校でもできるでしょうか」と水を向けた私に対し、相手は表情を曇らせ、口を突いて出たのが冒頭の発言だ。

　私が担当した2020～21年度は、文科省も取材記者も新型コロナウイルス感染症に振り回された2年間だった。安倍晋三政権による突然の全国一斉休校の要請を受け、どのように学びを継続するのかを検討する必要に迫られた。学習の遅れに対応するために「9月入学」を導入しようという議論がいったんは盛り上がったものの、その機運は急速にしぼんだ。一人ひとりの児童・生徒に1台の情報端末を行き渡らせる「GIGAスクール構想」が当初の予定より前倒しで進められた。学校が本格的に再開されると、今度は新型コロナの感染防止と教育活動をどう両立していくのかを考えなければならなくなった。

　局面が変わるたびに対応を求められる官僚たちは疲弊していた。ただ、こうした状況下にあっても、文科省が新型コロナとは直接関係のない「教員不足」への対応に大きなリソースを割き、矢継ぎ早に政策を打ち出していたことは注目に値する。中でも特筆すべきなのが教員免許更新制の廃止だ。

　教員免許に10年間の有効期限を設け、更新するためには約30時間の研修の受講を義務づけるこの制度は、2007年の法改正によって2009年度から導入された。つまり、まだ歴史の浅い政策だった。だが、2021年3月に萩生田光一文科相（当時）が中央教育審議会に制度の抜本的な見直しを議論するよう諮問し、わずか8カ月後の同年11月、中教審の特別部会が「発展的解消」が妥当との審議まとめを示した。翌2022年の通常国会で法改正が実現し、同7月に廃止された。数年にわたる侃々諤々の議論の末に導入された制度の最後としては、あまりにスピーディであっけ

ないものだった。

　特別部会の審議まとめは廃止を求める理由として、オンラインによる受講環境が充実するなど、制度導入時と比較して教員の研修を取り巻く環境が大きく変化したことなどを挙げた。また、10年に１度、まとまった時間を作って学ぶというスタイルが変化の激しい時代に合わなくなってきているとも指摘。免許更新制に代わって、教育委員会などが一人ひとりの研修履歴の記録を管理したり、履歴を活用して受講を促すことを義務づけたりすれば、時代に合った教員の学びを実現できると結論づけている。

　確かに、免許更新制廃止の背景として、こうした狙いがあったのは事実なのだろう。だが、他にも重要な目的があった。教員不足を解消することだ。

　学校現場からは、免許更新制が教員不足の一因になっているとの指摘が以前から出ていた。過去に教員免許を取得したものの、未更新のためにすぐ教壇に立てない人が多く、これが産休や育休の代役を探す上で大きな壁となっていたからだ。中教審で免許更新制の存廃の議論が続いているさなか、政府関係者の一人は私の取材に対してこう漏らしている。「こんな制度は早くやめないと、教員が足りなくなってまずい」。

▎初めての実態調査が明らかにしたこととその課題

　教員不足を巡るもう一つの大きな動きは、文科省が初めて全国一律の実態調査に乗り出したことだ。2021年度の始業日時点と５月１日時点で、産休などで欠けた教員の代役となる臨時的任用教員が補充できずに欠員となっている事例が全国の公立学校でどのくらいあるのかを調べ、2022年１月31日に公表した。

　調査の結果、始業日の時点で小学校937校1218人▽中学校649校868人▽高校169校217人▽特別支援学校142校255人──と計2558人の

「人員不足」が発生していることが明らかになった。5月1日時点でも、小学校794校979人▽中学校556校722人▽高校121校159人▽特別支援学校120校205人——の計2065人が欠員となっていた。始業日と比べると一定の改善が進んでいるものの、完全に解消することが難しいことも示唆する結果となった。小学校では始業日に356校462人、5月1日時点で367校474人の学級担任が欠員となっていたことも分かった。多くの場合、担任を持つ予定ではなかった教員がカバーしていたが、校長や教頭などの管理職が代役を務めるケースも少なからずあった。

　これだけでも十分に深刻な数字だが、実態を正確にとらえていないのではないかとの指摘が公表時から出ていた。調査対象日が始業日と5月1日といずれも年度前半に設定されていたからだ。年度当初は、欠員が発生しても代役の臨時的任用教員が比較的確保しやすい時期だ。これが年度後半になるに連れ、補充の難易度は上がる。教員不足の実態は文科省が公表した数字以上に深刻だとみて間違いなさそうだ。

▌少人数学級を推進したい文科省を縛るトゲ

　教員不足の問題は、少なくとも10年以上前から提起されていた。文科省が実態を調べようとしない中、一部のジャーナリストが全国の自治体を対象に独自の調査を行い、粘り強く報道を続けていた。始業日までに担任が決まらなかったり、産休や育休に入る先生の後任をすぐに補充できず、自習を余儀なくされたりするケースがあることから、教職員組合などは「教育に穴が空いている」として、文科省などに改善を求めていた。

　ここへ来て、文科省がようやく重い腰を上げ、教員不足や教職の魅力アップに向けた対策を次々と打ち出しているのは、事態がそれだけ切迫しているということなのだろう。2022年度に入ってからも、都道府県教委などが実施している教員採用試験の前倒しを進めていくことを議論す

るなど更なる手を繰り出そうとしている。

　こうした施策が奏功するかどうかは現時点では分からない。私が強調したいのは、文科省の進める重要政策において、教員不足が無視できない阻害要因になりつつあるという点だ。

　既に述べたように、文科省は2021年度の予算編成で小学校全学年での35人学級の導入を勝ち取った。ただ、当初目指していたのは中学校まで含めた「30人学級」の実現だった。予算折衝が本格化する前の2020年9月、文科省は自民党の部会で10年ほどかけて段階的に進めることを視野に、小中学校合わせて全国で8〜9万人の教員増が必要になるとの粗い試算を示している。

　これを耳にした私は素朴な疑問を抱いた。「そもそも教員のなり手が不足しているのに、そんなにたくさん増やすことが果たしてできるのだろうか」「教員の質を維持しながら、大幅な教員増を実現することは可能なのだろうか」と。当時、教員定数の予算折衝を担う文科省初等中等教育局財務課にこの質問をぶつけてみたところ、担当者は、「財務省さんも当然、同じような突っ込みを入れてくるでしょうね」と困ったように答えた後、押し黙ってしまった。久々に教員定数の大幅な改善に挑んだ文科省だったが、攻勢に転ずる上で教員不足の問題が政策の選択肢を縛るトゲになっていたのは明白だ。

　文科省は2025年度に小学校全学年の35人学級化が完了した後、それに続く形で中学校でも35人学級を導入することを目指している。この方針は政府の公式文書でもうたわれている。2021年6月に閣議決定された「骨太の方針」に「GIGAスクール構想や小学校における35人学級等の教育効果を実証的に分析・検証する等の取組を行った上で、中学校を含め、学校の望ましい教育環境や指導体制の在り方を検討する」との文言が盛り込まれた。政府関係者によると、財務省がこの表現に難色を示したものの、文科省側が押し切った。

　条件付きとはいえ、中学校での35人学級の検討が政府全体の方針となったのは、文科省にとっては追い風だと言える。だが、政府内で予想されるさまざまな反対論をかいくぐって本当に実現できるのかを考えると、何とも心もとない。中でも教員不足の解消に向けた取り組みは必須になってくるだろう。

▌中学校と高校では教員不足がこれから深刻化する可能性がある

　最新の教員採用試験の倍率を見てみよう。文科省によると、2022年度採用の全国の倍率は小学校2.5倍、中学校4.7倍、高校5.4倍だった。小学校については2倍を下回った自治体が18県市に上るなど、最も需給が厳しいとされている。ただ、大量採用世代の退職のピークは既に過ぎており、採用数が減少していく局面にある。今後は採用倍率が上昇に転じる可能性もありそうだ。

　逆に中学校と高校は今後も厳しさが続く見通しとなっている。向こう数年間は採用数の高止まりが続くとみられており、志願者数に目を転じると、中学校、高校ともに10年前と比べて約7割の水準まで減っている。中学校や高校の教員志願者は民間企業への就職も併せて検討する人が多いため、「売り手市場」が続く民間に免許保有者が流れていることが一因と考えられている。志願者の減少傾向に歯止めを掛けられないまま、中学校で35人学級を導入しようと思えば、教員の需給がさらに逼迫することが予想される。

　現に段階的に35人学級化が進められている小学校の現場では、深刻な問題が発生している。産休や育休を取得した教員の代役の臨時的任用教員が見つからないため、学級を習熟度で分けて教える「少人数指導」や複数の教員で教える「チームティーチング」のために加配していた教員を学級担任に回すことで、何とかしのいでいるという報告が各地から相次いでいる。

　以上のように、少人数学級推進の足かせとなったり、教員の加配効果を減殺したりするほどに教員不足は深刻化している。この問題で最も困っているのはもちろん、欠員が生じている学校の子どもたちや管理職を含めた教員集団だ。だが、政策的な裁量が狭められているという観点で見ると、文科省や教育委員会も教員不足に追い詰められつつあると言える。

▍どのように教職の魅力を向上させていくか

　では、教員不足をどのように解消していけばいいのだろうか。文科省が実施した実態調査では、全国の教委に対して、教員が不足する要因についても需要の増加と供給の減少という二つの観点で尋ねている。需要増の理由としては、産休や育休の想定以上の増加を挙げる自治体が多く、約8割の教委が「あてはまる」「どちらかといえばあてはまる」と回答している。供給減の背景では、教員採用試験に合格したり、民間企業に就職したりして臨時的任用教員のなり手が減っていることを挙げる教委が多かった。産休や育休の取得が増えるのは時代の流れであり、文科省や教員人事権を持つ都道府県教委・政令市教委がコントロールできる部分でもないと考えられる。結局は教員を志す人を増やすことが現実的な解決策になるだろう。

　志願者を増やすための議論は、既に教育行政から学校現場までさまざまなところで進められてきた。私なりに整理すると、①給与面などを改善すべき②「世界一多忙」とも言われる教員の負担を軽減すべき③個々の教員の自由裁量を拡大するなど仕事のやりがいを高めるべき——という三つの考え方がある。この三つは互いに矛盾する内容ではなく、複数の方策を組み合わせることが可能だ。また、②の実現方法については、学校の役割自体を小さくしていこうという意見と、教員を含めた学校のスタッフを増やすことで個々の教員の仕事量を減らしていこうという意見

がある。

　近年の文科省の政策に目を向けると、熱心に取り組んできたのはほとんどが②であることが分かる。学校給食費の公会計化や部活動の地域移行、スクールカウンセラーやスクールソーシャルワーカーといったスタッフの拡充はすべて②に該当する。教員を増やすことについては財政健全化を重視する財務省がなかなか認めなかったが、既に見てきた通り2021年度の予算編成で小学校全学年での35人学級の導入が実現した。一人ひとりの子どもたちに丁寧に向き合えるようにする教育環境づくりが最大の目的だが、教員の負担軽減にもある程度の効果はあると考えられる。

　政府や自治体の財政が厳しさを増す中で①はハードルが高いと考えられてきた。そんな中、文科省は2022年12月に有識者会議を設置し、教職員給与特別措置法（給特法）のあり方について検討を始めた。給与の4％を「教職調整額」として上乗せする代わりに時間外勤務手当を支給しないと規定した給特法の枠組みが仮に改められることになれば、現場に大きなインパクトを与える。ただ、この議論が本当に教員の待遇改善につながるのかどうかは注視していく必要がある。時間外勤務手当の支給への道が開かれたとしても、教員の人件費全体が増えなければ、個々の教員の給与の増額にはつながらない可能性がある。

　③は最も予算を必要としないが、文科省は無関心か、場合によっては冷淡にさえ見える。現場教員からは教育内容の大綱的基準を定めた学習指導要領の縛りが年々厳しくなっているとの声も上がっている。文科省は教職課程コアカリキュラムを定めるなど、教員養成に対する関与も強めている。ただ、全国一律の教育水準の維持を重視する文科省の立場を考えると、こうした規格づくりはすべて否定できるものでもない。自由と規律のはざまで教職の「やりがい」をどのように高めていけばいいのかについては、今後の検討課題としたい。

「使い捨て」にされる教師たち

非正規教員のリアルな実態とは

佐藤明彦 教育ジャーナリスト

▌世間に知られていない公立学校の非正規雇用

　一般の方に「公立学校の非正規雇用が増え続けている」と話すと、多くの場合、驚かれる。ある人に話をしたときは、次のような反応が返ってきた。

　「担任の先生が非正規って、それ本当？　だって普通に授業をして、部活動の顧問なんかもするんでしょ。そもそも試験に落ちた人を雇っていることも驚くし、それで教育は大丈夫なの？　うちの息子の学校には、そんな先生はいないと思うけど…」

　この「うちの息子の学校には、そんな先生はいないと思う」という言葉に、筆者は思わず「いると思いますよ。ひょっとしたら息子さんの担任だってそうかもしれません」と返しそうになった。このように、多くの保護者は担任が正規なのか非正規なのかを知らないし、考えたこともない。そして「試験に落ちた人を雇っている」ことに驚く。

　民間企業にはごく当たり前に契約社員や派遣社員がいるし、中には正規社員より高いスキルを持った非正規社員もいる。そうした事実は広く認知されているが、公立学校も似通った雇用システムがあることは知ら

れていない。そのため、新聞やテレビが報じる「教員不足」の問題も正しく理解されず、「教員のなり手が減っているんだね」くらいの話で終わってしまう。

　さらに言えば、教育関係者の中にも、この問題の構造や深刻さを認識していない人は多い。筆者は以前、ある教育委員会の元幹部の方に、過去20年間の非正規率の推移を見せたことがある。右肩上がりのグラフを見て、その方は「驚きました。こんな状況になっているとは。これは由々しき事態ですね」と話していた。かつて校長を務め、教育委員会の幹部まで務めた人が実態を把握していなかったことに、筆者は驚きを隠せなかった。

　学校現場の先生方であれば、非正規教員がいるという事実は当然知ってはいる。だが、非正規教員がどんな思いを持って働いているのか、どんな憂き目に遭っているのかは、知られていない部分も多い。

　公立学校の非正規雇用の問題を改善していく上では、第一に正しい現状を多くの人たちに知ってもらう必要がある。そうした観点から、本稿では筆者が過去に取材した非正規教員のリアルな姿を紹介していく。

▌誰も持ちたがらないクラスを持たされる

　首都圏の小学校で非正規教員として働くAさん（40代）は、約10年間の民間企業勤務を経て、教員への転身を決意した。それから約10年が経つが、その間はずっと「臨時的任用教職員」の立場で働き続けている。もちろん、担任も持ち続けており、時に誰も持ちたがらないようなクラス、荒れたクラスを持たされたこともあったと話す。「非正規教員は皆、次の年に仕事にありつけるかどうか不安。だから頼まれた仕事を断れない。結果として、難しいクラスを任されたり、正規教員より多くの仕事を抱え込んだりする人もいる」とAさんは話す。

　多くの仕事を担わされた結果、教員採用試験対策が疎かになり、合格

できないでいる人も少なくない。首都圏の小学校で働くＢさん（30代）は、非正規教員10年目を迎える現在も、採用試験に合格できていない。そればかりか、１次試験を初めて突破するまでに、７年もの月日を費やしたという。その理由についてＢさんは「臨時的任用教職員なので、毎年度異動があった。その度に新しい学校の校風や組織文化、仕事の進め方などを一から知る必要があり、１学期は日々の仕事で手一杯だった。結果として、筆記試験対策が手つかず状態となり、１次で落ち続けた」と話す。７年というのは長い方かもしれないが、同様の嘆きは多くの臨時的任用教職員から聞く。さらに言えば、教師としての使命感が強く、手抜きができない人ほど、採用試験対策が疎かになる傾向もある。

▎卓越した実績を残しても正規採用にならない

中部地方の高校で働くＣさん（30代）は、大学院を修了後も博物館でボランティアをするなど、生物・地学領域において高い専門性を持つ。加えて、顧問を務める部を全国優勝に導くなど、部活動指導においても卓越した実績を誇る。だが、立場は臨時的任用教職員のままで、今年で14年目を迎える。そんなＣさんをよく知る知人の会社経営者は、「なぜ、彼が正規教員じゃないのか。民間企業ならとっくに採用している」と話す。

このように、高い専門性や指導力を持った教員が、教員採用試験で落ち続けるケースは珍しくない。首都圏の小学校に勤めるＤさん（30代）も、その一人だ。Ｄさんは数年前、１年間で３クラスの担任を受け持ったことがある。「いずれも、病休になった正規教員の代わりだった。どのクラスも崩壊気味の状態から引き継いだため、学級を立て直すのは大変だった」と振り返る。その学校からすれば、度重なる窮地を救った功労者だが、Ｄさんはそのまま年度末で学校を去った。職場での実績や功績が採用に直結する仕組みは、現状の公立学校にはない。

■断ったら次がない

非正規教員の一形態である産休・育休代替教職員の場合、年度途中で着任・退任するケースも多い。首都圏の小学校に勤めるEさん（40代）は以前、修了式直前の「3月15日」で担任を降りた経験がある。

通常、育休からの復帰は4月や9月など、区切りの良いタイミングで行われることが多いが、保育所が見つからないなどの理由で復帰が遅れ、期限ぎりぎりになるケースもある。Eさんの場合も、そうした育休取得者の事情で雇用契約が「3月15日まで」となっていた。「私が担任を降りるとクラスに伝えると、驚いて泣き出す子もいた。同僚や保護者も校長に掛け合ってくれたが、最終的にどうにもならなかった」とEさんは悔しそうに振り返る。そうしてEさんは修了式に出ることなく、学校を去った。

非正規教員の中には、一家の大黒柱として家計を支えている人もいる。そうした人の場合、なるべく1年間フルで働けるようにしたいところだが、現実にはそういかないケースも多い。非正規教員の多くは、「打診を断ると、次の話が来ないかもしれない」との恐怖心を抱えているからだ。そのため、年度途中からの雇用契約であっても、自宅から遠く離れた学校であっても、受け入れざるを得ない。実際に過去の取材でも、校長や教育委員会の職員から「この話を断ったら、次はないかもしれない」と言われたという非正規教員が3人もいた。

■日雇いのバイトをしたことも

関西の高校で非常勤講師（会計年度任用職員）として働くFさん（40代後半）は今年、教職から離れる決意をした。大学を卒業後に体育教師を目指したFさんだが、残念ながら採用試験の壁に阻まれ、その後は非正規教員として勤めてきた。もちろん、採用試験は受験し続けてきたが、

「高校・体育」はどの自治体も倍率が高く、いまだ試験の壁を突破できていない。

　長きにわたり非正規教員として働いてきたＦさんだが、その間は臨時的任用教職員として雇われた年もあれば、非常勤講師として雇われた年もあったという。「非常勤講師だった年は、その収入だけでは生活ができなかった。そのため、印刷会社の運搬業務、工場のライン作業などの日雇いバイトをしたこともある。スーパーの福引コーナーで大声を上げながら鐘を鳴らしたときは、生徒や保護者に見られないかと冷や汗をかいた」とＦさんは話す。

　今年度、Ｆさんは非常勤講師として３校に勤務し、日に３〜４コマの授業を受け持っている。だが、担当する授業が緊急保護者会や急な時間割変更でなくなることも多く、そのため月収は11〜12万円程度にしかならない。加えて８月はほぼ休業状態となり、生活は困窮を極める。

　「残念ながら、今年度も採用試験を突破することができなかった。このままでは生活できないので、子どもと関わりのある別の仕事を目指すことにした。教師という職業が嫌いになったわけではないし、生徒たちは可愛いけど仕方がない」とＦさんは悔しそうに話す。

　Ｆさんのように、経済面の理由で別業界へ転身する教員は少なくない。筆者も過去に、体育教員からスポーツインストラクターになった人、英語教員から英会話学校の講師になった人、特別支援学校教員から放課後児童デイサービス職員になった人を取材したことがある。皆、非正規で雇われていた人たちだ。今後も非正規率が下がらなければ、こうして熱意ある人たちが次々と教育現場を去ってしまうことになりかねない。

ないがしろにされた「同一労働・同一賃金」

　多くの非正規教員から話を聞く中で、筆者が感じた３つの問題点を述べていく。

　1つ目の問題は「同一労働・同一賃金」という一般社会の原則から逸脱している点である。民間企業においては、パートタイム・有期雇用労働法により、正規社員・非正規社員との間で、不合理な待遇差を設けることが禁止されている。正規社員と非正規社員が、同じ内容の職務・責任を負っている場合、「基本給」「賞与」「役職手当」「福利厚生」「教育訓練」などの待遇差を設けてはいけないこととなっている。

　残念ながら、公立学校にはこの法律が適用されない。加えて、フルタイムで勤務する非正規教員の業務を正規教員より軽くする余裕も現場にはない。さらに言えば、そうした配慮が必要だという認識が雇用する側にも管理職にもない。その結果、常勤で働く臨時的任用教職員や産休代替教職員、再任用教職員（フルタイム）は、担任や部活動顧問を持つなど、正規教員と何ら変わらない量の仕事を割り当てられている。にもかかわらず、待遇面は正規教員と同一ではない。これは、一般社会における雇用契約の原則が、学校ではないがしろにされていることを意味する。

職場の評価が採用試験に反映されない

　2つ目の問題は、職場で高い実績を残しても、その評価が採用選考に反映されない点である。たとえ荒れたクラスを立て直したとしても、部活動顧問としてチームを全国優勝に導いたとしても、その実績が採用選考で加点されることはない。それは、採用選考の方法が「試験」（厳密には「選考」だが）という公平性重視のシステムを敷いているからである。

　もちろん、自治体によっては特例（特別）選考を実施し、教員経験者の筆記試験を免除するなどしているケースもある。ただ、この選考枠での受験が、必ずしも優位に働くとは限らない。大学生等を対象とした一般選考の倍率よりも、非正規教員を対象とした特例選考の倍率の方が高い自治体も多いからだ。さらには、そもそも特例選考の採用数・倍率を公表していない自治体も多い。いずれにせよ、職場での実績・功績が評

41

価に反映されることはなく、職場でエース級の働きを見せる人が、1次試験であっさりと落とされることもある。

　一般企業の場合、大学生の「新卒採用」と経験者の「中途採用」とでは、全く異なるシステムが敷かれている。大学生は「ポテンシャル採用」と呼ばれ、人間性や将来性が評価されるが、経験者は「キャリア採用」と呼ばれ、過去の経歴や実績などが評価される。職場での即戦力性が求められることを考えれば、当然の仕組みと言えよう。

　一方で、教員採用試験は、大学生と経験者が曖昧に交ざり合う形で行われている。公平性・平等性という観点から見て仕方がないと言う人もいるかもしれないが、その結果として優秀な教師が非正規のまま雇われ続けているとすれば、公教育の維持発展という観点からも望ましくない。

　現状、教員採用試験の実施形態は、どの自治体も似たり寄ったりだが、今後は優秀な非正規教員を登用しやすいシステムに変えていく必要がある。地方公務員の採用は「競争試験」で行われることが地方公務員法第17条の2で定められているが、公立学校教員の採用は「選考」で行われることが教育公務員特例法第3条で定められている。そのことの意味をよく考えた上で、各自治体は採用選考の在り方をゼロベースで構築し直していく時期に来ている。

❘ 欠落した「育成」の視点

　3つ目の問題は、非正規教員に対する「育成」の視点が、決定的に欠落している点である。周知の通り、教員採用試験に合格して正規教員になると、1年目に初任者研修がある。校内で300時間、教育センターで25日にわたり、授業や生活指導の方法など、教職の実践的スキルについて手ほどきを受ける。また、センターでの研修は同期の仲間と親交を深め、ネットワークをつくる良き機会ともなる。そうして専門職としての技能を高め、人脈を築きながら、苦難の多い1年目を乗り切っていく。

　一方で、同じ大卒1年目でも、非正規教員には初任者研修がない。教育関係者の多くはこの事実を当たり前に受け入れているが、本質的に考えればこれほどおかしな話はない。子どもたちの目線に立てば正規も非正規も何ら変わらないからだ。公教育としての責務を果たすことを考えれば、本来は非正規教員にも初任者研修を受講させるべきであろう。うがった見方をすれば、非正規教員に初任者研修を実施しないのは、いずれは「使い捨て」にしようとする雇用者側の意思の表れと言える。

　どんな職業・職種を問わず、新卒1年目はその人のキャリア形成に大きな意味を持つ。そのため、多くの企業は新人研修を施し、各セクションでもOJT（On the Job Training）を施すなど、丁寧に育成を図る。

　そんな1年目に、非正規教員は実にぞんざいな扱いを受け、半ば放置される。その結果、仕事に行き詰まり、学級崩壊を起こすなどして職場を去る人も少なくない。

　なお、初任者研修についてはそれ自体、「現場の負担を増やすだけで効果も薄い」という声が多くの関係者から聞こえてくる。年間何百時間にも及ぶ研修が、ただの同窓会のような機能しか発揮できていないのであれば、抜本的な改革が必要であろう。この点は、別の問題として検討していく必要があることを付言しておく。

▍一般社会と乖離する学校の雇用システム

　ここ数年、日本社会は慢性的な人材不足の状態にある。そんな中、一部の企業は非正規社員の正規化を通じ、労働力の安定的調達を図っている。また、2013年にはいわゆる「無期転換ルール」が導入され、有期労働契約が通算5年を超えた場合は、本人の希望で「無期契約」に切り替えられるようにもなった。そうしたことから、民間企業の非正規率は2019年の38・3％をピークに2年連続で減少するなど、状況はわずかながら改善に向かっている（総務省「労働力調査2021（令和3）年平均結果」）。

　一方、公立学校は「無期転換ルール」がない上に、一般社会の雇用原則に準じようとする意識も関係者の間にない。さらに言えば、一般社会で「無期転換ルール」が適用されている事実すら知らない人も多い。その結果、通算6年を超えて非正規教員を続けている人も珍しくない。筆者が取材をした人の中にも、10年以上非正規で雇われ続けている人が3人もいた。民間企業であれば、とっくに「無期転換ルール」が適用されているはずだが、上述したような経緯により、有期契約で雇われ続けている。

　ここ数年、教員の過重労働問題が取りざたされ、給特法（公立の義務教育諸学校等の教育職員の給与等に関する特別措置法）がやり玉に挙がっている。「定額働かせ放題」とも呼ばれるこの制度が問題視されるのは当然のことで、それこそ民間なら「ブラック企業」の誹りを免れない。

　この問題と同じくらい、非正規教員に重い仕事を背負わせ、何年にもわたって有期契約で働かせ続けていることも、由々しき問題だと筆者は捉えている。この状況を改善しなければ、ますます教員志望者は減り、教師不足にも拍車がかかるに違いない。

▌非正規教員の正規化を

　非正規教員を取り巻く状況をまとめると、次のようになる。
- 雇用契約が有期
- 業務内容や責任は正規とほぼ変わらないが、待遇面は劣っている
- 時間外勤務も多いが、残業代は支給されない
- 年度途中で契約が切れることもある

　もし、民間企業の求人広告に、このような勤務条件が記載されていたらどうか。よほどの高給でない限り、応募する人はいないのではないだろうか。

　こうした理不尽さがあるにもかかわらず、なぜ学校という職場で働き

続けるのか。非正規教員にこの質問をぶつけると、「やはり、正規教員になる夢が諦められない」「教員から他業界への転職が難しい」「転職活動もしたが、なかなかうまく行かなかった」といった声が聞こえてくる。こうした理由もあって、多くの非正規教員がどうにか学校現場にとどまってくれている。その結果、学校はかろうじて教育活動を維持できているとの見方もできる。

だが、今後の見通しは非常に厳しい。文部科学省「令和２年度教員免許状授与件数等調査結果について」によると、2020年度の教員免許（普通免許）の授与件数は19万6357件で、2016年度から５年連続で減少している。特に中学校・高校の減少は著しく、過去２年で１割近くも落ち込んでいる。

免許状の授与件数が減れば、必然的に採用試験の受験者は減り、採用倍率は下がる。そうなれば、試験で不合格となって「講師バンク」に登録する人の数も減り、教師不足はさらに深刻化する。最悪の場合、現在

図表1　校種別普通免許状授与件数の推移

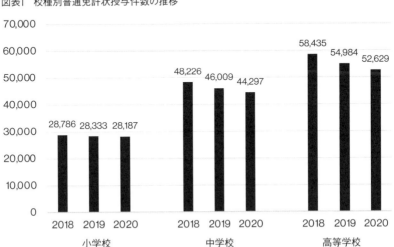

は一部の学校で起きている「授業ができない」などの事態が、大半の学校で起きてしまう可能性もあろう。

　この状況に歯止めをかける上でも、早急に教員の雇用環境を整えていく必要がある。過重労働を改善することも大事だが、非正規教員の正規化を図ることも決して置き去りにしてはならない。

▍ようやく日が当たり始めた学校の非正規化問題

　教員の過重労働が2016年頃から大きな社会問題として取り沙汰される一方で、非正規雇用の問題はなかなか日の目を見ることがなかった。しかし、ここ1〜2年ほどで少しずつ注目されるようになってきている。

　筆者は2022年2月に『非正規教員の研究「使い捨てられる教師たち」の知られざる実態』（時事通信社）を刊行したが、時を同じくして月刊誌『教育』では同年3月号で「STOP!　教職員の非正規化」と題した特集が組まれ、新聞等でも非正規教員にフォーカスした記事が度々載るようになった。筆者はその後、東洋経済オンラインでシリーズ「『非正規化』する教師」を計9回にわたって寄稿したが、ヤフーの注目トピックに取り上げられ、記事によっては3,000件を超えるコメントが付くなど、この問題に対する世間的関心が高まってきたことを実感している。

　そうした中、同年5月には日本大学教授の末冨芳氏、学校業務改善アドバイザーの妹尾昌俊氏らが文科省で記者会見を開き、教員不足の解消に向けた政策提言を行った。この提言には、正規教員を増やして学校運営体制を構築し直すために、義務教育費国庫負担金を現状の3分の1から2分の1に戻すことなどが盛り込まれている。これは筆者が『非正規教員の研究「使い捨てられる教師たち」の知られざる実態』の中で述べたこととも軌を一にしており、非正規依存による教員不足を解消する上でも喫緊に検討すべきことだと考えている。

　その後、同年9月には永岡桂子文科相が都道府県と政令市の教育長を

集めたオンライン会議で、教員不足の解消に向けて①教員採用試験の早期化、②正規教員の割合を定める目標値の設定の二つを各自治体に要請した。筆者が知る限り、現職の文科相が公に「正規教員の割合を増やす」ことに言及したのはこれが初めてで、その意味では大きな一歩とも言える。

　だが、この二つの方針を大臣が示したからと言って、状況が劇的に改善するとは思えない。①については、もし１次試験を４～５月頃に実施した場合、６月頃から民間企業の就職活動を行う学生が出てくる可能性がある。特に、中高の教員志望者の場合は大学４年生になるまで教員になるか民間企業へ行くかで悩んでいる人も多く、そうした学生が教員と民間企業の両方から内定（合格）を得て、民間企業を選ぶようなケースも出てくるだろう。そうして辞退者が続出すれば、各教育委員会は混乱に陥り、さらなる教員不足を招く可能性もある。「教員採用試験に合格すれば、民間企業という選択肢は捨てるだろう」という考え方が通用しないほど、教師という職業の人気は低下している現実を教育行政に関わる者は直視しなければならない。

　②については、各自治体とも非正規教員を調整弁にしたいという本音を抱える中で、掲げた数値の達成にどこまで本気で取り組もうとするのか。非正規率の向上は、義務教育費国庫負担金の負担率引き下げや総額裁量制の導入など、国レベルの制度改革を進める中で生じたものである。この構造を改めないまま各自治体に目標値を出させたとしても、実現性の乏しいものになる可能性は高い。各自治体に本気で取り組ませたいのであれば、まずは国が何らかの財政上の裏付けを与えるべきであろう。

　このように、公立学校の非正規雇用の問題は、改善に向けて「最初の一歩」を踏み出した段階にすぎない。今後、関係者が非正規教員のリアルな姿を知り、その不条理さに問題意識を持つことで、改善に向けた動きが加速することを期待したい。

第 2 章

もう限界!
現場の声

非正規に支えられる
学校教育

長澤裕　静岡市立中学校教員

■ ある非正規教員の思い

　これは、2015年に静岡県で開催された「第45回全国臨時教職員問題学習交流集会」で、特別支援学校に勤める臨時的任用教員が自らの思いを発表したときの原稿の一部である。

　　2月も末に近づきました。3月に入れば正規教員には異動先が告げられ、3月末には新聞に発表されます。でも私たち講師には、年度末ギリギリになっても来年度の任用の連絡がありません。私たちの人事は新聞にも発表されません。運よく他の学校に異動できるとしても、離任式では「退職です」と紹介されます。子どもたちや保護者の方からは心配して「なんで？」と聞かれます。その時に「講師だから」と言うと、「先生じゃなかったの？」と言われます。その瞬間が一番胸に突き刺さります。
　　この時期、講師は肩たたきされるのにびくびくし、もう一年生き残れるかどうかの瀬戸際で不安がつのります。先日の校長面談では、「講師として残れるかどうかなんとも言えない。今の財政状況では教

員定数も増えないだろうし、再任用が増えればどうしても講師の任用が少なくなるだろう」などと不安にさせるような話が、他人事のように話されました。昨年の面談では「免許が保健体育だけじゃねぇ」と言われたので、今年は英語の免許を取りました。母子家庭の私は娘を育てるため、障害をもった子どもたちのために働きたい一心で、雇ってもらうためには何でもやります。生きていくために。

　しかし、学校現場では無論、たとえ講師でも容赦ない仕事量です。中３の担任を任されたり、免許外の教科を受け持ったりもします。昨年はなんと２人の初任者と一緒に学年を持たされました。教頭から「初任者がやりやすいように楽なクラスにしてあげてね」と言われたので、大変な子はすべて私のクラス。学年一番の暴れん坊の子は、入学式のあと、窓から飛び降りようとしました。大変、手立ての多くいる子です。「初任者には楽な子を」というのは現場では当たり前。いつ首を切られるかわからない講師はどんな子でも対応しなければいけません。また、初任者研修は出張が多いです。初任者が出張でいないときは私が代わりに授業に入ります。私は、教員採用試験を落とされ続けている講師で、きちんとした研修を受けたことがありません。にもかかわらず、初任者２名と抱き合わせという人事は、正直辛く、悲しかったです。受かった人の代わりを務めるその１年は屈辱的でした。

　待遇のことについても言わせてください。まず、看護休暇がありません。子どもが熱をだそうが、入院しようが休みは年休。正規の教員がうらやましい。現在、私の小６の子どもが大怪我して家にいるのですが、小学６年生は学校の行事が多いので、今までにたくさん年休を取らなければなりませんでした。それで、もう年休が残り少なくて、簡単には休めません。講師には家族休暇も看護休暇もありませんから、休むときはすべて年休なのです。その年休も１年の

前半年と後半年に10日ずつしかありませんから、子どものいる人は
すぐになくなってしまいます。せめて看護休だけでもあればと、切
実に思います。

　また、給与は同い年と比べても半分。どんなに頑張っても、何年
勤めても、それ以上は上がりません。契約が1年で切れる。非常勤
講師だと学校に行かない日は報酬が出ませんから、極端にお給料の
少ない月があります。健康保険も1年ごとに切られるので、子ども
の小学校に毎年提出しなおさなければなりません。身分が不安定な
ために生命保険も入れません。もし自分が倒れたら、誰が子どもを
見てくれるのか、誰が責任を持ってくれるのか、とっても不安です。

　安い給料、少ない休暇、もしもの時の保障もないのに、仕事は山
ほど回ってきます。専門外のこともやらされます。今までは何を言
われても黙って引き受けてきましたが、いい顔して無理をするのに
もう疲れました。自分も正規の先生と同じ人間です。家も、自分の
子も大事です。同じ人間なのに。れっきとした人権侵害、差別だと
感じています。

　静岡県ではこの後、常勤の非正規教員については年休の繰り越しや社
会保険の継続が認められ、2020年4月の改正地方公務員法施行に際して
は給料その他の待遇が正規教員とほぼ同等まで引き上げられた。待遇改
善がここまで大幅に進んだのは全国でも珍しく、「静岡県の臨時教職員制
度の改善を求める会（求める会）」や全教静岡、静岡高教組などが長年交
渉を続けてきた成果だと受け止めている。しかし、いつ首を切られるか
わからないという不安は依然としてあるし、正規教員、特に管理職の無
理解による差別的な扱いがなくなったわけではない。

▌代打要員ばかりの「チーム学校」

　「求める会」が静岡県教委から取り寄せた資料を見ると、政令市を除く静岡県の常勤教員のうち、小学校の10.6％、中学校の8.0％、高校の3.1％、特別支援学校の16.7％が臨時的任用教員である。高校が極端に少なく思えるが、それは再任用教員が正規教員に含められているからで、再任用教員も非正規教員として計算し直すと、小学校14.7％、中学校13.3％、高校14.0％、特別支援学校18.9％となる。さらに非常勤講師を含めて計算すると、小学校20.8％、中学校28.0％、高校27.5％、特別支援学校19.6％と数字がさらに大きくなる。教員の5人に1人から4人に1人が非正規なのだ。また、学校には教員の他にも様々な職員がいるが、その職員の大部分が時給1000〜1300円程度、年収70万〜100万円程度の非常勤職員である。この状況は小さな学校になるともっとひどくなる。

　私が勤務する中学校は各学年1クラス、全校生徒91人の小さな学校だ。教職員23人のうち常勤職員は11人だけで、そのうち2人が再任用、1人が任期付職員。そして、残り12人が非常勤職員。全教職員が集まることができる日は週に1日もない。教育委員会はときどき「チーム学校」という言葉を使うが、職員会議にも研修にも参加できない職員が半分以上で、どこが「チーム」だ、と思ってしまう。

▌教育に穴があく

　2008年にNHKの「クローズアップ現代」という番組が、「教育に穴があく」というタイトルで教員不足の問題を報道した。その放送が反響を呼び、朝日新聞が全国の教育委員会に調査して、静岡県でも100を超す学校が欠員状態であることがわかった。

　それから14年。教育にあいた穴は小さくなるどころか、大きくなる一方だ。ある中学校では、技術科の教員が病休に入ったが代替教員が見つ

からず、近隣の３つの中学校の教員が日替わりで出張授業を行う状況が年度末まで続いた。別の中学校では、理科の教員が病休に入ったがやはり代替教員が見つからず、もう１人の理科教員が作成したプリントを使い、他教科の教員が授業を進めるので、実験を１回もできなかった。

　ある小学校では、学級担任が病休に入ったが代替教員が見つからず、教務主任が担任になり、非常勤講師３人が入って授業を行う状態が続いていた。ところが今度は産休に入る教員の代替が見つからず、非常勤講師の１人を説得して常勤に切り替えて担任につけたが、その人が受け持っていた授業を他の教員が持たなければならなくなり、過労からさらに別の教員が病休に入ってしまった。このような事例は他にも数多く聞かれ、私はこれを「病休ドミノ倒し現象」と呼んでいる。

　２年前の話だが、静岡市教育委員会から市内の養護教諭に「非常事態です。このままでは産休や病休の代替教員が配置できなくなります。知り合いの免許保有者を紹介してください」というメールが一斉配信された。教育委員会も退職者に連絡したり他の市町教委に協力を求めたりしているが、欠員を埋めることができず、打つ手なしの状態なのだ。

　こうした状況の中、文科省もついに教員不足の実態調査を行い、2022年１月、その結果を公表した。それによれば、「令和３年度始業日時点の小・中学校の『教師不足』人数（不足率）は合計2086人（0.35％）、５月１日時点では1701人（0.28％）。なお、義務標準法に基づき算定される小・中学校の教職員定数に対する充足率は、全国平均で101.8％」という数字である。しかし、現場の感覚では「この数字、少なすぎない？」と感じる教員のほうが多いのではないだろうか。例えば、「教職員定数に対する充足率は101.8％」とあるが、静岡市教委が示した資料では、2022度始業日時点の教員不足が19名、そのすべてが定数内欠員補充。つまり、定数を満たしていないのだ。教育委員会が出した数字と文科省の調査に開きがあるのは、どうしたことだろう？

　文科省とは別に全日本教職員組合も教員不足調査を行っているが、こちらの方が現場の肌感覚に近い。その調査結果報告によれば、2022年10月1日現在、24道府県4政令市で全校種合計1642人の教員不足、という結果が出ている。そのうち5月1日現在のデータも出ている16道府県4政令市では、5月1日現在734人から10月1日現在1184人と、年度の後半になるにつれて教員不足が深刻化していく状況がわかる。

なぜ教員が不足するのか？

　文科省は前述の教員不足に対する実態調査報告の中で、教員不足の原因を「産休取得者数の増加や特別支援学級の増加などで必要教師数が見込み以上に増加したこと」「講師名簿登録者数が減少していること」「教員免許更新制導入により免許失効者が増えていること」をあげている。
　しかし原因はそれだけではない。全日本教職員組合は以下のように指摘している。

　まず、年度初めの段階で教員定数を正規教員で配置することが必要だ。年度当初から臨時的任用教員や非常勤講師で定数を埋めていると、年度途中で産育休や病休に伴う欠員が発生した時に対応しきれなくなる。正規教員を適切に配置するという前提が最初から崩れているため、そのひずみが代替となる教職員の欠員となって調査結果に表れた、とみている。産育休が増えるのは、若い世代の教職員が増えているので当然だと思うが、病休が増えていることに注目したい。厳しい勤務条件の中で、メンタルヘルスに問題を抱えている教職員が増えている。そうした教員が病休をとって欠員になり、その代わりがみつからないので、校内で対応していると、ますます労働荷重になって、その対応をしていた教員が倒れてしまう。そうしたマイナスのらせん階段みたいな実態も、調査の自由記述から読み取

れる（「教育新聞デジタル版」2023年2月2日より引用）と指摘している。

　また、そもそも教員志望者自体が年々減ってきていることも大きな原因だ。このことについては、同じく文科省が2022年9月に発表した「令和4年度公立学校教員採用選考試験の実施状況のポイント」で、教員志望者の減少傾向が続いている原因として「近年の民間企業等の採用状況が好転していることや新規学卒者の採用者数の増加等により、教員採用選考試験に不合格となった後、講師を続けながら教員採用選考試験に再チャレンジする層が減ってきていること」をあげている。

　確かに、現場にいても若い非正規教員がいなくなったなぁと感じる。代わりに増えたのが60歳以上の非正規教員だ。しかしその60歳以上の人も、学校現場での経験があるだけに、なかなか引き受けてくれない。「もう学級担任なんて無理。非常勤講師ならなんとかお手伝いできるかもしれない」と言う人しか見つからないために、病休代替が配置されない代わりに数人の非常勤講師をつけて急場をしのぐ、ということが起こっているのだ。

　ではなぜ若い非正規教員がいなくなったのか。答えは簡単である。非正規教員を何年続けても正規教員になれる見込みがないからだ。

　私たちは組合と教育委員会との交渉で何度も「非正規教員の経験を尊重した採用選考をしてください」と要求しているが、毎回のように「臨時教員を優遇することはできません」「臨時教員の経験は論文や面接で評価しています」という回答が返ってくる。

　「優遇できない」という理由には、地方公務員法第22条の3の第5項「臨時的任用は、正式任用に際して、いかなる優先権をも与えるものではない」を持ち出してくるが、その第1項で臨時的任用ができる条件を「緊急のとき、臨時の職に関するとき、又は採用候補者名簿がないとき」に限定していることには触れようとしない。

　「論文や面接で評価」と言うが、実際には10年以上も教壇に立ち続ける非正規教員、崩壊した学級を何度も立て直した実績のある非正規教員、校内の若手研修会で指導者を務める非正規教員などが採用選考で不合格になっていることに説明がつかない。何度も何度も不合格通知を受け取った結果、何人かはあきらめて他の道へ進み、何人かは「もうこれ以上『不合格』という屈辱を味わいたくない」と、試験を受けることをやめてしまっている。教育委員会は認めないが、経験と実践力を持つ非正規教員を一定数キープして、都合よく使い回そうとしているのではないかと疑われる節すら感じられる。教育委員会が長い間、熱意ある若い非正規教員を安上がりに都合よく利用したあげく「優先権はない」と言って使い捨ててきた結果、若い人たちが非正規教員になろうとしなくなってしまった。その一方で、大量退職時代と限界を超えた長時間過密労働によって産・育休や病休が年々増え続け、その結果、必要な代替教員が配置できなくなってしまった。そして、問題は子どもの教育を受ける権利が保障できないところまで深刻になっている。

　この問題を解決するためには、教員定数を大幅に拡大し、現在も大勢働いている非正規教員を正規に切り替え、教員の勤務条件を抜本的に改善するより他に方法はない。それなのに、文科省や教育員会は「教員採用選考の時期を早める」だの「教員免許を持たない人にも教員の道を開く」だのと、本質から目をそらした小手先の対策に終始している。

▌学校教育を国民の手に

　今回は常勤の教員を中心に書かせていただいたが、非常勤教職員の実態はさらに劣悪で、深刻な問題だ。2020年に施行された地方公務員法の改正は非常勤職員の待遇改善が目玉だったはずだが、「会計年度任用職員」と職名が変わっただけで、ほとんどの自治体で待遇はそれまでと何ら変わっていない。その一例として静岡市で働く会計年度任用職員の賃

図表1　静岡市2021年度会計年度任用職員の賃金・労働条件

該当する非常勤職員	報酬額（時間給）	週当たり時間数
学校事務員	月額144,200〜168,600	週35時間
学校用務員	月額159,700〜186,000	週38時間45分
学校調理員	月額159,700〜186,000	週38時間45分
免外解消非常勤講師	2,820	週2〜16時間程度
通級指導教室非常勤講師	2,820	指定された時間
小学校専科非常勤講師 ア一般イ理科専科	2,820	ア週3〜6時間程度／イ週18時間
主幹教諭後補充非常勤講師	2,820	週10時間
小規模小学校支援非常勤講師	2,820	週10時間
小中学校サポート非常勤講師	2,820	指定された時間
初任研後補充（拠点校） 非常勤講師	2,820	1日7時間以内
初任研後補充（特例校） 非常勤講師	2,820	ア1日7時間以内／イ週10時間程度
初任研後補充（養護教諭） 非常勤講師	2,820	ア1日4時間以内／イ1日7時間以内／ウ8時間
初任研後補充（栄養士） 非常勤講師	2,820	ア1日4時間以内／イ1日7時間以内
複式授業解消非常勤講師	2,820	指定された時間（国・社・数・理の授業時間数から算出）
こころの教育支援非常勤講師	2,820	週20時間程度
スクール・サポート・スタッフ	1,000	学校規模に応じて17時間、13時間、8時間、5時間
パート看護師	1,331	学校からの希望による
部活動指導（外部顧問）	1,600	
ALT（外国語指導助手）	月額144,200〜168,600	35時間
幼児言語教室指導員	月額139,200〜156,200	30時間
特別支援教育支援員	1,017	20時間以内
小中学校看護師	1,330	25時間以内
非常勤講師 （自閉症・情緒障害学級授業改善）		30時間以内
スクールソーシャルワーカー （社会福祉士）	3,000	1日4〜8時間
スクールカウンセラー	5,000〜3,000	3〜8時間
訪問教育相談員	月額137,300〜138,500	19時間25分
学校司書	956	25時間以内

週当たり 勤務日数	年間	社会保険	雇用保険	任用条件（年齢、資格、経験など）
5日		○	○	
5日		○	○	
5日		○	○	
原則3日以内	年間35週指定された範囲内	×	×	教員免許
5日以内	年間35週指定された範囲内	×	×	教員免許
ア 3日以内／イ5日以内	年間35週／ア指定された範囲内／イ630時間	×	×	教員免許
3日程度	年間35週／年間350時間	×	×	教員免許
5日以内	年間35週／年間350時間	×	×	教員免許
5日以内	年間35週／指定された範囲内	×	×	教員免許
	11日間以内	×	×	教員免許
	ア11日間以内／イ年間30週程度（年300時間以内）	×	×	教員免許
	ア15日間以内／イ9日間以内	×	×	教員免許
	ア15日間以内／イ9日間以内	×	×	教員免許
5日以内	年間35週／指定された範囲内	×	×	教員免許
5日以内	年間35週年間700時間	×	×	教員免許
5日以内	学校規模に応じて593時間、455時間、280時間、175時間	×	×	
学校からの希望による	6人で年間3384時間	×	×	看護師・准看護師免許
月35時間程度	420時間上限	×	×	
5日		○	○	大卒 英語圏の国籍
5日		○	○	
5日以内	700時間 175日	×	×	
5日以内	1,000時間 200日	×		
5日以内	1,050時間 175日	○	○	小学校教員免許
2〜3日	派遣校の数による	×	×	社会福祉士、精神保健福祉士等
2〜3日	272時間（34週）／204時間（34週）／102時間（34週）	×	×	公認心理師、臨床心理士
3日		×	×	
5日以内	175日、163日、155日、125日、45日	×	×	

金・勤務条件一覧表を載せておくので見てほしい（図表1）。

　非常勤講師は時給2820円と、民間のパート労働者に比べて優遇されているように見えるが、年間の授業時数に上限が定められているため、年収にすると多い人でも160万円弱にしかならない。また、報酬が支払われるのはあくまで授業の時間に対してのみで、例えば授業準備に要する時間や子どもからの提出物を見たり、単元テストの採点をしたりという時間は報酬の対象にならない。いくつかの自治体では、週の授業持ち時数に何時間かの授業準備等に使う時間をプラスしているところもあるが、それはごく少数である。

　また、特別支援教育支援員や学校司書など教員以外の非常勤職員については、その職種の多さと賃金の安さ、社会保険も適用されない勤務条件の悪さに驚かされる。そのため、応募者が少なくて年度半ばになっても全校に配置できない、経験の蓄積が必要な職が多いにもかかわらず定着率が低い、などという状況が続いている。

　その根底にあるのは、最小限の賃金で最大限の労働力を絞りだそうとする政府・文科省の姿勢だ。そうして浮かせた財源がGIGAスクール構想でICT産業や教育産業などに貢がれようとしている。彼らにとっては「子は宝」ではなく「子は金づる」なのだろう。また、政財界に大きな力を持つ経団連は度々教育への提言を出している。経団連が描く未来の学校では、AIとオンラインの活用によって子どもたちの個別的な自学自習が学習活動の中心となり、大半の教員は子どもを励ましたり躓きを直してあげたりするアドバイザー的役割を果たすだけになる。そうなれば少人数学級の必要もなくなり、教員定数も大幅に削減できるという。そんな学校に我が子を通わせたいと思う親がどれだけいるだろうか。

　私たちは学校教育をもう一度国民の手に取り戻さなければならない。そのために避けて通れないのが、学校から非正規労働をなくすための国民的な運動だと思っている。

限界間近の
現場からの声
今すぐ教員を!

永峰博義 <small>兵庫教職員組合書記長</small>

▌産休代替が見つからない

　2021年4月、学級担任4人、図工専科1人、兵庫型学習システム（算数の少人数授業推進教員）1人の合計6人でA小学校6年団はスタートした。私は、この学年団の1人で兵庫型学習システムの算数担当だった。現場にいながら組合の県の書記長をしていたので、週に2回、往復約2時間かけての神戸通いは大変だったが、教職最後の1年を大好きな子どもたちと算数の授業を通して生活できることに喜びを感じながらのスタートだった。

　そんな中、メンバーの1人である図工専科のB子さんの妊娠が判明し、みんなで喜んだのも束の間、安静が必要で6月には病気休暇に入り、そのまま産前休暇に入るということになった。管理職から学年団全員が校長室に呼ばれ、「B子さんが無事出産されることを第一に」とB子さんの状態の説明があった。しかし、その説明には、B子さんの病休・産休代替が見つかっていないということも含まれていた。いわゆる「教員未配置」状態になるということだ。B子さんは病休に入る前にあいさつで「やっと赤ちゃんを授かったのですが、早くにお休みに入ることになり、そ

の上、私の代わりに来てくださる方もいらっしゃらない状態で……本当に申し訳ありません」と涙交じりに話された。どうして出産を控え、休みに入る教員が「申し訳ありません」と言わなければならないのか。「教員未配置」は今の学校がかかえる大きな問題の一つだ。B子さんが担当していた図工の授業は3年生、5年生、6年生の13クラスに及ぶ。その図工はそれぞれ学級担任が担当することになった。いわゆる「みんなでカバー」している状態だ。この状態は10月末まで4カ月間続き、B子さんの代替が配置されたのは11月からだった。

A小学校では、同じ年度に特別支援学級の担任のC子さんも9月から産休に入った。しかし、やはり代替が見つからない。今度は家庭科の専科だったD子さんがC子さんの代替として特別支援学級の担任として入ることになった。つまり、今度はD子さんが担当していた5年生と6年生の家庭科と4年生の書写を「みんなでカバー」して学級担任がすることになったのである。5年生と6年生の学級担任はB子さんの図工とD子さんの家庭科の空き時間があったが、そのどちらも自分ですることになったので空き時間は音楽だけになった。もちろん、誰も文句は言わないが、過重労働になっているのは当然だ。C子さんの代替が配置されたのは3学期1月になってからだった。

コロナも追い打ち

3学期、未配置状態は解消したものの、コロナ罹患や濃厚接触による出勤停止状態の職員が重なり、そこの穴も埋めなければならなくなった。学級担任ではない私は、1月に6年3組、2月前半は特別支援学級、後半は3年2組、3月は6年2組とほぼ1週間から10日ごとに4クラスの学級担任対応をしてきた。3学期は本来担当する6年生の算数はほとんどできていなかった。6年の子どもたちに廊下ですれ違う時に「先生、なんで算数の授業してくれへんのん？」と言われた時などは、「先生は新し

いミッションで今度は3年2組や！」と明るく楽しく元気に話してやりとりをしていたが、実際のところはかなり疲れていて、まさにギリギリの綱渡り状態での毎日で、今考えるとよくもったなと正直思う。これに未配置が重なっていたら、もう私も学校もパンクだっただろうなと思う。

▎兵庫県の教員未配置の実態

　「臨時講師ら189人不足　県内40市町公立小中　5月調査より悪化」（2022年11月28日付読売新聞）

　これは、兵庫教職員組合が2022年10月16日を基準日として、県内40市町教育委員会に調査依頼をした結果、全市町から回答を得て「兵庫県における教員未配置」について記者発表をした翌日の読売新聞の見出しだ。読売新聞の報道の通り、調査結果からは明らかに状況が悪化していることがわかる。その調査結果は以下の通り。

未配置の状況

		小学校	中学校 （特別支援学校を含む）	合計
常勤	前期	60人	42人	102人
	後期	91人（+31人）	51人（+9人）	142人（+40人）
非常勤	前期	24人	42人	66人
	後期	19人（-5人）	28人（-14人）	47人（-19人）
合計	前期	84人	84人	168人
	後期	110人（+26人）	79人（-5人）	189人（+21人）

※前期2022年5月16日　後期2022年10月16日

① 常勤

		産育休代替が見つからない	病休代替が見つからない	介護休暇代替が見つからない	定員未充足	自己都合早期退職	その他	合計
小学校	前期	10人	22人	0人	28人		0人	60人
	後期	25人	36人	0人	23人	7人	0人	91人
中学校（特支を含む）	前期	3人	18人	1人	19人		1人	42人
	後期	9人	27人	0人	11人	4人	0人	51人
合計	前期	13人	40人	1人	47人		1人	102人
	後期	34人	63人	0人	34人	11人	0人	142人

(注)定員未充足……定員はあるのに、年度当初から配置できない状態

② 非常勤

		兵庫型学習システム	主幹マネジメント強化	初任研後補充	特別支援教育加配	自己都合早期退職	その他	合計
小学校	前期	8人	1人	8人	6人		1人	24人
	後期	5人	3人	6人	0人	3人	2人	19人
中学校（特支を含む）	前期	7人	9人	17人	5人		4人	42人
	後期	4人	4人	14人	2人	0人	4人	28人
合計	前期	15人	10人	25人	11人		5人	66人
	後期	9人	7人	20人	2人	3人	6人	47人

未配置になっている理由

　常勤の未配置が、小学校で31人増えて91人、中学校で9人増えて51人、合計で40人も増えて142人にもなっている。また、理由の項で、「病気休暇代替が見つからない」が63人、前期の調査ではなかった「自己都合による早期退職」が11人もある。学期が進むにつれて、学級経営や生徒指導等で悩む担任を中心に「病気休暇」や「早期退職」が増えている

のではないかと考える。

　「退職」という選択を決断する若い教員が増えていることも問題だ。賃金や労働条件を含む教員の仕事が「魅力ある仕事」としてとらえられていない。このことは現場の多忙さ・困難さと無関係ではない。「定額働かせ放題」と揶揄される賃金形態（いくら頑張って働いても給料は同じ。残業代が支払われないこと）に不満を持っている若い教員は非常に多いと言われている。実際に学級経営や生徒指導に特に悩んでいなくても「転職」を考える若い教員がいるのも事実だ。これらの状況は全国各地の採用試験の応募倍率からもうかがえる。

教員不足はなぜ起こるのか

　未配置がなぜ起こるのか。理由は、大きく2つある。

　まず、1つ目は、そもそも学校の中に、非正規教員が多い実態があるということだ。ここ数年、各都道府県では大量退職に伴い、多くの新任教員が採用された。それに伴い、産育休取得者が増えている。また、今回の調査でも明らかになった、病気休職者が多いこともある。これは今の教員の働き方と密接な関係にあり、それだけ学校現場が大変になっているということの「証左」だ。また、義務標準法により、児童生徒数の変化で学級数が決まるために、学級定員がギリギリの時は翌年度のことを考え正規を入れず、定員内臨時的任用教員で対応している実態もある。さらに、児童生徒数の減少を見込み、本来、正規の枠のところを臨時的任用教員の枠にしたり、国の加配分を、非常勤に分配し配置したりしている。これらの結果、非正規教員の占める割合が高くなっているのだ。2021年度の文科省の「『教師不足』に関する実態調査」という資料がある。次の表がその資料の一部で、兵庫県の内訳だ。

		正規			臨時		非常勤
			再任用フル	再任用(短)		産育休代替	
小学校(人)	10,154人	265人	162人	1,766人	881人	276人
中学校(人)	5,776人	298人	62人	870人	235人	165人

この表から、正規と非正規の割合を表したものが下表になる。

			正規(再任用を含む)	非正規(臨時＋非常勤)
小学校	兵庫	人数	10,154人	1,766人＋276人＝2,042人
		割合	83.3%	16.7%
	全国	割合	87.4%	12.6%
中学校	兵庫	人数	5,776人	870人＋165人＝1035人
		割合	84.8%	15.2%
	全国	割合	87.5%	12.5%

　表からもわかるように、小学校・中学校ともに全国平均より非正規教員の占める割合が高い。これは「兵庫県」全体の数字なので、都市部と郡部との比較ができないが、都市部ほどその割合は高い傾向にある。阪神間のある市では、市教委が発出した文書に、非正規教員の割合が「25%を占める」と書かれていた。1/4は非正規教員ということになる。

　2つ目は、これらの背景に異常な学校の長時間過密労働の実態があり、学校現場が魅力ある職場になっていないということがあげられる。教員の未配置が生じる最大の原因は、平均勤務時間が1日約12時間という異常な長時間労働にある。精神疾患の休職者が全国で毎年5千人を超えるなど、病休や中途退職に追い込まれる教員が後を絶たない。その結果、若い人は教職を敬遠する傾向にある。各地の採用試験の応募倍率をみても教職志望離れは明らかだ。2021年度の全国の実施の小学校の教員採用試

験の平均倍率は約2.5倍（文科省調査）と４年連続で過去最低となった。年度途中でも簡単に退職を選択する若い教員も増えている。やりがいを求めて就職したものの、いくら働いても残業代は出ない「定額働かせ放題」の状況に失望し、積極的に転職する教職員さえいる。また、年配の経験者も「授業だけの非常勤なら」とか、「この年で常勤はかんべんしてほしい」など、再任用者を含めて常勤は希望しない傾向がある。

　学級担任を未配置にはできないので、専科や少人数学習指導などの担任外の教員が未配置の学級担任に入り、本来の専科や少人数の授業は担任が行うという対応をとらざるを得ない状況になっている。

　今、専科教員など学級担任外の教員が未配置の分の授業や業務をカバーすることが常態化して、負担が過重になっている。場合によっては、未配置になった学級を数カ月ごとに渡り歩くことになる場合もあり、その精神的な疲労が限界に近づいて来ている。この状態を続けると、さらに病気休暇が増えるのは必然だ。現場では、未配置のカバーに入った教員が休み、さらに未配置が増えるという、まさに「負の連鎖」が起きているのだ。

▌教職員組合運動が果たすべき役割

　私たちは兵庫県教育委員会に対して、2022年７月15日に「教職員の多忙化解消で学校現場が魅力ある職場になるように、あらゆる施策を講じること」「臨時教職員がより働きやすい職場になるように待遇改善を進めること」など、６項目の要望書を提出して、この問題の改善を迫った。

　県教委に要請した６項目は次の通り。

1.　教職員の多忙化解消で学校現場が魅力ある職場になるように、あらゆる施策を講じること。とりわけ次の３点を喫緊の課題としてとりくむこと。

① ゆとりをもって教育にのぞめるように、少人数学級を国の施策を前倒しする形で進めること。

② 教職員の事務量を抜本的に減らすために、給食会計業務や就学援助会計業務など教諭の本来の仕事でない業務の解消を一層進めるよう市町教育委員会を強く指導すること。

③ スクールサポートスタッフなどの職員を県下すべての学校に配置すること。

2. 臨時教職員がより働きやすい職場になるように以下のとりくみを進めること。

① 「同一労働同一賃金」の趣旨からも、正規教職員と賃金権利が同等になるように、さらに待遇改善を進めること。

② 神戸市にならい、採用試験に「育児休業代替任期付教員」の募集枠を設けること。

③ 妊娠教員の負担軽減のための補助教員を配置する制度（先読み加配）の対象教員と対象の期間の拡大を行うとともに、配置日を4月1日とすること。

　9月7日からは、人事委員会交渉も始まった。私たち公務員は労働基本権が制約されている。その代償機関としての役割を担っているのが人事委員会だ。人事委員会は教職員を含む公務員の賃金や権利の状態を調査し、民間と比較して賃金の「引き上げ」や「引き下げ」の勧告や報告を行う。私たち教職員の場合で言うと、給与支払者（任命権者）である県教育委員会は、この勧告を尊重して賃金権利確定交渉に臨まなければならない。言い換えれば、県教委との交渉に入る前の人事委員会との交渉で、私たちの要求の正当性・必要性を語り、人事委員会の勧告や報告にどれだけの内容を言及させるかが大きなポイントになる。今回の人事委員会交渉で重要視したのは、賃金の改善はもちろんだが、「教員未配置の実

態」について、その実数を明らかにし、学校現場での具体的な状況を示すこと、そして何より「未配置の最大の原因が教員の多忙化である」と言及させることだった。5月の調査や、マスコミの報道記事、そして何より、次のような各現場での切実な状況を校種問わず発言して改善を訴えた。

- A市で再任用短時間勤務で勤めていましたが、市内で10数名の未配置があるということで、市教委からも「どうしても来てほしい」と言われ、昨年は途中で病気休暇に入られた方の代替として勤務しました。病気休暇に入られた方の気持ちが毎日痛いほどわかり、正直かなりきつかったです。今年は10月半ばから別の学校の6年生担任として入っています。近くの中学校では、教員が未配置のため、2クラス合同の80名の授業が行われています。こんな状況の現場に誰も望んでは来ません。とにかく多忙化を解消してほしいです。自分自身が壊れてしまいそうで、それが何より不安です。（小学校教員）
- 休まれた先生の教科の評価でとても苦労しています。数学の担任ですが、免許外で美術を教えざるを得ず、入試の内申にかかる評価をしなければなりません。こんなことでいいのでしょうか。管理職も状況がわかっているので「すまない」を連発しますが、本当に申し訳ないのは「生徒たちに対して」です。これで学校が成り立っていると言えますか。（中学校数学教員）
- B市で小学校学級担任をしています。今年10月1年生の担任の先生が産休に入られました。管理職も随分前から代替の配置のために市教委等や自分の知り合いにも声をかけてくれていたのですが、とうとう未配置のままでの産休入りでした。「明日からご迷惑をおかけし申し訳ありませんが、産休に入ります」というあいさつ。産休に入る職員が「申し訳ありません」と謝らなければならない状況はやっぱりおかしいで

す。男性の育児休業取得など「絵に描いた餅」です。1年生担任を未配置にできないので、4年生付きの図工の専科教諭が1年生の担任になりました。そのため、4年5年6年の図工は学級担任がすることになりました。ところが、それだけで終わらず、4年生の学級が難しい状況になり、5・6年生の兵庫型学習システム（少人数指導）の教員が、4年生付きにシフトされ、現在に至っています。つまり5・6年生担任は図工だけでなく、算数の少人数もできなくなりました。まさにギリギリの綱渡り状態です。これでなんとか出来ていると言われるのはおかしいです。（小学校教員）

- 6月に3年生の担任が病気休暇に入りました。図工の専科教員が3年生の学級担任にスライドしたのですが、図工は未配置のまま1学期は終了しました。夏休み中に、隣の学校で常勤講師として勤めていた方が、本校の図工専科に配置換えになり、隣の学校には非常勤講師を充てるという形の対応になりました。本校は現在、「未配置なし」の状態ですが、隣の学校は「常勤」が「非常勤」になったという対応です。これで解消とは言ってほしくないです。

　私たちのこうした声に、4回の交渉を経て、10月13日に、人事委員会は「教職員の多忙化対策」の項で、次のような勧告を行った。

「教職員の多忙化対策」

- 学校現場は通常の授業以外にも部活動、生徒指導、保護者対応、地域との連携と多岐にわたる業務を担っており、さらにICTへの対応などの負担から長時間勤務が常態化している。仕事と生活の両立だけでなく、人材確保の観点からも勤務時間の適正化が重要かつ喫緊の課題である。

- 県教育委員会は業務支援員配置事業、ICTの活用、部活動指導員開始

事業、スクールサポートスタッフの配置、中学校部活動の地域移行授業等により、全校種における教職員の業務量の適正管理に向けた取り組みを強力に推進して行く必要があるとともに、教職員の負担軽減を図るため、学校現場を支援する取組を引き続き進める必要がある。
- 教員未配置問題も教職員の多忙化の一因となっていることから、不足解消に向けた人材確保を含め、対策強化が不可欠である。
- 県教育委員会が各市町教育委員会とも連携し、総業務量の縮減や削減につながる業務の見直しなど、勤務時間の適正化に向けた実効性の上がる取り組みを強力に推進することが重要である。

　この勧告で注目されるのは「教員未配置」という言葉も使って、その問題の「対策強化が不可欠」と言及した点だ。47都道府県、20政令市、東京特別区のすべての勧告の中で、「未配置問題」をとりあげたのは兵庫県だけで、全国的に注目される内容となった。
　11月8日から始まった県教委との交渉では、この勧告を前面に押し出し、「県教委は、この人事委員会勧告をどう受け止め、兵庫で学ぶ子どもたちや、兵庫で働く教職員にどう言ったメッセージを届けるのかが問われている」と鋭く迫った。また、冒頭にも書いたように、11月21日には後期の調査の記者発表を行い、直後の11月24日の山場の交渉では、実態が改善されるどころか悪化していることも事実として示し、何らかの措置を講じるよう追及した。
　その結果、最終交渉の席では、「教員の未配置問題の解消に向けた人材確保対策および多忙化対策について」として次の5点を改善すると回答した。

① 会計年度任用教職員（非常勤講師）の報酬面での処遇改善を行う。教職員ではないが、学校現場で教員と一体となり、直接児童生徒に接しな

　　がら指導等をしている介助員、生活学習支援員、特別支援教育支援員、
　　補助教員も対象とする。

② 教員採用試験における加点措置の見直しを行う。常勤の臨時講師については、一定の要件のもと20点までの加点措置を行っているが、この措置を拡大する方向で検討する。

③ 兵庫の教育や教員の魅力、発信強化を行う。来年度からPR動画を活用した効果的な広報を行う。

④ 教職員の勤務時間適正化先進事例集「GPH50」の見直しを行う。

⑤ スクールサポートスタッフについて、厳しい県の財政状況ではあるが、他府県の事例等を参考にしながら、拡充等について検討する。

　内容として③や④がどれだけ効果があるのかと思うが、人事委員会の勧告を受け、私たちの要求に耳を傾け、「教員未配置」の解消のために、何らかの措置を講じようとしていることは大きな成果だ。

　また、文部科学省は11月１日に「産・育休代替教師の安定的確保のための加配定数による支援について」という事務連絡を発出した。この連絡は「年度途中に見込まれる産・育休代替教師を年度当初から臨時的任用教員として前倒しで任用すること」が可能となる内容だ。国も県も教員不足の実態を何とかしなければならないとようやく考え始めてきた。

　本来、教育とは子どもの発達や成長を子どもと教師がともに喜び合う素晴らしい営みのはずだ。ところが、今、そのことが崩れようとしている。「限界間近」とさえ言われる状況を、その原因を明らかにし、改善していくのが私たち教職員組合の役割だと思っている。運動はまだまだこれからだ。今後も兵庫で学ぶ子どもたち、そしてそこで働く教職員のために頑張りたいと思っている。

学校現場で
非正規教職員を
続けてきて

宮本健史 小学校臨時的任用教員

▌非正規教員としての20年間

　非正規という受け入れがたき現状を受け入れながら生きているのだ
　　　　　　　　　　　　　　　　　　（萩原慎一郎『滑走路』より）

　私はこれまで非正規の教職員（非常勤職員も含む）として、通算で約20
年間様々な校種で勤務してきた。その内訳は、小学校と特別支援学校に
おける臨時的任用教員を7年間、中学校・高等学校における非常勤講師
（保健体育）を5年間、小学校専科非常勤講師（体育・算数）を4年間、少
人数指導推進に係る非常勤講師を1年間、市区町村教育委員会の裁量に
よる非常勤職員（○○サポーター、○○ティーチャー、○○支援員、補助員、障
がい児学級の介添員等）を3年間である。私が大学（学部）を卒業したのは
今から31年前。卒業後、学校に勤務していた年もあれば、子どもの冒険
遊び場でのプレーリーダー、大学院への進学、学習塾での正規社員、そ
の他の業種のアルバイトもしていた年もあり、20年間という数字は、あ
くまでも通算で勤務した期間ということになる。正規の教員を目指し何
度か採用試験を受験したが、いずれも不合格であった（最近では採用試験

を受ける余裕や意欲がなく、ここ数年間は受験していない)。

　非正規で生きてきた自分の人生を綴り、世に出すことは、正直言って恥ずかしいという思いでいっぱいであるが、現代の学校現場で代打要員やリリーフピッチャーのように生きてきた私のささやかな経験から、非正規教職員問題を感じ考えるきっかけとなって頂ければ幸いである。そして現在、日本の労働者の約4割が非正規雇用という現実の中で、冒頭に引用させて頂いた萩原慎一郎の歌にあるように、「受け入れがたき現状を受け入れながら生きている」人々へも思いを馳せて頂けることを願っている。

▍非正規教員の苦悩を強く感じ始めた頃

　今から12年前、私はA県の中学校で「学習指導講師」という非常勤職員の仕事をしていた。この仕事は、各クラスの学習支援を行うという業務内容であったが、各クラスの担任や教科担任と打ち合わせをしようとしてもことごとく、「来てもらわなくて結構です」と言われる始末。私は途方にくれながらも、支援が必要と思われる生徒の教材準備をしたり、校内を掃除したりして、初めの一学期を過ごした。その後、少しずつ支援の仕事を任されるようになっていったのではあるが、職場で挨拶をしてくれなかったり、平気で人を傷つける発言をしたりする教職員がいて、強く疎外感を感じる一年間であった。今、振り返ってみると、教室に支援員が入るという風土がない学校だったのであろう。中学校教員としてのプライドが許さないという理由もあったかもしれない。支援員とともにどのようにして授業づくりをしていくのかというノウハウも、当時は少なかったのではないだろうか。

　あれから12年が経ち、現在の私の勤務先（B県の小学校特別支援学級）にも、支援員が入ってきてくださっている。スポーツ選手が試合中に声を掛けあって作戦を確認しあうように、私と支援員もできるだけ言葉のや

り取りを大切にしている。かつての私のような思いはしてもらいたくない。子どもの学校生活の質が落ちないよう、そして合理的配慮が可能となるよう、タッグを組んで子どもたちに向き合うことができている。日々感謝の毎日である。

▌支援員という職員の大切さ

支援員という職種は、特別支援教育の制度が始まった2007年以降に、児童一人ひとりの教育的ニーズを把握して適切な指導及び必要な支援を行う必要性から、小・中学校の特別支援学級や通常学級でのニーズが高まっていった。私が12年前に勤務した上記中学校を管轄する教育委員会でも、きめの細かい支援を拡充させるため、「学習指導講師」という名の支援員（実態は非常勤講師ではなく、支援員と同様の勤務内容であった）を配置する施策を打ち出したものと思われる。

しかし当初現場では、私が経験したように教員と支援員の連携が適切に実践されていない実態があった。非正規の支援員や補助員が、差別的に理不尽な対応を受けたり、「支援員を上手く使って」と物のように扱われることは間違っている。正規と非正規の垣根を外して連携し、共に学校づくりをしていくチームとして機能するような学校文化に変わっていくことを切に願う。

▌パワハラを受け、適応障害に

今から４年前には、Ｃ県内の中学校特別支援学級で臨時的任用教員をすることになる。支援員の仕事に比べて、臨時的任用教員は正規教員とほぼ同一の勤務条件となり、給料の面でもボーナスもつくため、安定した収入が得られる。しかしこの４年前の現場では、職場環境の面で安定には程遠く、不遇な１年であった。チームで組んでいた同僚からパワハラを受け、心身の調子を崩してしまったのである。

　私はそれまで、中学校の特別支援学級での経験がなく、初めのうちはその同僚からいろいろと教えてもらっていたが、私への言葉や態度が次第に理不尽なものに変わっていった。また生徒への人権侵害に当たる指導も見られるようになったため、管理職や組合に相談をした。しかし、その時は既に心身が疲弊しており、私は職場に行くことができなくなっていた。

　病院での診断の結果は、適応障害であった。勤務し始めてわずか4ヶ月で病休に入った。生徒たちは少しずつ私に心を開いていた時期だったので、この生徒たちへの申し訳なさと自責の念が残った。一方で、パワハラの日常から距離を置くことで、私はささやかながら安心感を感じていた。しかし、しばらくすると、管理職から退職を勧められ、私は再び絶望的な気持ちになる。この時、組合に相談するとすぐに対応して頂き、その時は退職勧奨をはね除けることができた。しかし、その後の回復に時間がかかったことや、学校現場に絶望したこと等から、結果として退職の道を選ぶことになった。

退職後の寛解とアルバイト生活の中で

　退職して2〜3ヶ月すると、なんとか健康を回復した。しかし、収入がなくなり経済的な面での不安が生まれ、今後の仕事はどうすればいいのか、自分の人生はどうなるのかと悩んでいた。ひとまず、無理のない程度にアルバイトから始めて、体を慣らしていこうと考えた。子どもに関わる仕事の中から、障がいをもつ子どもたちが利用する放課後デイサービスでアルバイトを開始する。遊びや療育的活動等、学校とは違った雰囲気の中で、子どもたちと過ごす日々はとても新鮮で、放課後の居場所の重要性を知ることになった。

　その後、コロナパンデミックを経験する中で、改めて私は自分のこれまでの仕事や人生を振り返った。私は学校という場で働くことに向いて

いないのかもしれないと思う時もあった。しかし、そんな中で『教育に臨時はない』（臨時教職員制度の改善を求める全国連絡会 編著）という本を読み、困難な中でも臨時教職員を続けている人の話に気持ちが奮い立った。また「学校は、様々な職種や経験をもった教職員がいて成り立っているチーム」（A先生）、「負け（仕事面で）が続いてもいいじゃないか。最後に勝ち越せれば」（B先生）等、これまで出会った先生方の言葉を思い出しながら、やはり自分は学校現場に戻りたい……と感じるようになった。ハラスメントを受けて退職まで追い込まれた人間が、敢えて学校現場に戻ることが大切で、今度また同じようなことがあったとしても、いろいろな人脈を通じて闘う覚悟でいた。その後、2020年8月、B県の小学校の特別支援学級で臨時的任用教員として復帰することとなり、現在に至っている（2023年2月現在。小学校特別支援学級 臨時的任用教員を継続中）。

学校現場のパワハラについて

　上記のパワハラの体験で、私はパワハラをした教員を許せない気持ちでいた。こちらに非はないのに病気になり、退職にまで追い込まれるという理不尽さ。ちょうどこの頃、教員間のいじめ・暴行事件が世間を騒がせていた。教育の分野だけでなく、スポーツ・芸能界でのハラスメントの事件もよく見聞きされるようになっていた。私は不安を感じていた。しかし、憎しみと不安の中で、私を救ってくれたのは、高齢の両親、組合の先生、臨時教職員の制度改善に向けて運動を続けている先生方、小さな学習会で出会った憧れの先生方の暖かい言葉や支援の数々であった。苦しみの中で、私は一人じゃない、そして私は私のままでいいんだと感じることができた。

　学校現場では、いまだにハラスメントの事件があとをたたない。長年、非正規教職員の当事者サークルや集会に参加し、たくさんの方々と語り合ってきたが、そういった場でも人格や尊厳を傷つけられたという苦し

い経験を聴くことがよくあった。GIGAスクール構想で事務作業は効率化され、情報共有はスムーズになったものの、仕事量は相変わらず多く、コミュニケーションもまともに取れない現在の学校現場、この実態がハラスメントの一因になっているのではないか。そして、教職員一人ひとりが心身の健康状態を保ちながら勤務できるよう、体調が悪い時には年休を取ることができたり、休憩時間を確保したりすることが求められているのではないか。

非正規教職員を続けてきて感じていること

　私はこれまで、1年間または短くて1ヶ月という任期サイクルで、様々な学校現場を渡り歩いてきた。非正規で毎年現場が変わるということは、経験は広がるものの、最低でも2〜3年は同じ現場で働いてみなければ、学校や子どものことはわからないのではないかと感じている。毎年3月になると子どもたちとの別れの時が近づく。一人ひとりの一年間の成長を振り返り、来年度に繋ぐ大切な時期。「こんなことできるようになった」「○○がうれしかった」と1年を振り返って書いてくれた文章を読みながら、1年間なんてあっという間だと、いつもしみじみ感じている。非正規や臨時教職員ばかりが増えていって、1年間で担任がコロコロ代わっていたら、教育現場の環境として問題ないのかと考えてしまうこともよくある。また非正規教職員は、年度末の新聞やネットによる教職員の異動一覧に掲載されないのであるが、なんだか身分の違いで軽んじられているようで、この点も毎年悶々としている。

　様々な学校現場を経験させてもらってきて学ばせてもらったことをまとめると、学校という場は様々な生い立ちや経験を経て、喜びや悲しみを背負ってやってきた子どもたちが出会う学びと育ちの「人間交差点」のような場であるということ。そういった多様性のある学校という場で、まずは大人である私たち教員が、正規・非正規といった序列的な関係を

乗り越えていかなければならないと考える。私たち教職員は、正規であろうと非正規であろうと、考え方や主義主張が違っていようと、子どもたちの成長を喜び合えるチームでありたい。

▌ 私のこれから

　この数年間は、パワハラを受けて体調を崩したり、慢性的な疲労感を感じることが増えたり、非常に苦しい毎日が続いている。それでも私は石にしがみつくようにして非正規教職員を続けている。なぜそこまで学校にこだわるのかと問われれば、それは学校という場に強い憧れをもち、教員という仕事にやりがいを感じ続けているからである。

　　私たちはこの世を観るために、聞くために生まれてきた。この世はただそれだけを望んでいました。だとすれば教師になれずとも、勤め人になれずとも、この世に生まれてきた意味はあるのです。

　上記は映画『あん』の中で、元ハンセン病患者の老女・徳江が、自分の半生を振り返るシーンでの語りである。非正規教員で悩む自分を認めつつ、生きることや働くことの尊さは忘れないでいたい。これからも微力ながら、学校現場で子ども・保護者・同僚と向き合い、実践を続けていきたい。

非常勤講師にも
誇りと尊厳を

黒澤順一　東京都時間講師

　「時間講師はゴミですから」。現任校で一緒に仕事をしている60代のベテラン専業時間講師から以前に聞いた言葉である。彼は２年ほど前から体調を崩し、入退院を繰り返しながら仕事を続けている。この原稿の執筆依頼を受けた際に、最初に頭に浮かんだのが彼のこの言葉であった。残念ながらこの原稿の執筆段階で来年度は彼も私も今の職場に居られないことがほぼ確定的となっている。カリキュラムの変更がある際は特に雇用が不安定になりがちであり、私自身もそれに備えて採用試験も取り組んだが今年も例年通りの落選となり、そして現任校の仕事も無くなることになりそうだ。ただこうして仕事が無くなることも初めてのことでは無い。慣れてはいる。今はヘラヘラしながら複数の勤務校で知り合いに仕事の当てを聞いて回っている。しかし、来年度も自分の子どもを食わせられるか。私は使い捨てにならないか、気の休まる時はない。

　東京都の「時間講師」の待遇は、年間任用の場合はボーナスの支給があること、長期休業期間の報酬が保証されていること、「自宅研修」制度は2020年度に廃止されたが一定の配慮がなされていることなど、他県や私立の非常勤講師と比較して恵まれている部分もある。しかし、毎年科目毎の需要供給の変動により収入が不安定であること、厚生年金への加

入が事実上不可能（同一校で週20時間以上の勤務が必要。複数校にまたがった場合は不可）であること、祝祭日が有給休暇とならないこと、退職金がないことなど、他県や私立の非常勤講師と同様の問題を抱えている。

　東京都の「時間講師」と一言でいっても、その事情や考え方は様々である。私のように「生活費を稼ぎながら経験を積んで正採用を目指す」人ももちろんいる一方で、「子育て・介護との両立」「創作活動や研究のための時間の都合が付けやすい」等の理由でこの仕事に従事する人も少なくない。私のように生計をたてるために毎日複数校を飛び回り多くの授業コマ数を抱えるケースもあれば、時間や体力の都合から授業コマ数を抑える先生もいる。何時間・何科目・何校を受け持つかは講師側に決定権があるため、時間講師は一般的な非正規公務員と異なる労働形態や契約とならざるを得ず、制度運用の面でもグレーな部分も多い。

　今回「時間講師経験を生かして執筆を」と依頼を受けたが、私自身正直な所グレーな部分に光をあてて「寝た子を起こす」事態になることはなるべくなら避けたいという意識も強く、また様々な立場の先生方全ての意見を集約することも困難である以上、あくまで私自身の経験から見えた東京都の時間講師制度の課題と、それに対する提言に内容をとどめたい。

▎低賃金・不安定な雇用

　私が時間講師を始めた十数年前から現在に至るまで、時間講師には就業規定や業務内容を定めた雇用契約書は存在しない。都や市区町村教育委員会の発行する発令通知書を受けとり、それに従い勤務を開始する。発令通知書に書かれているのは、どの曜日に何コマの授業があり、その単価（編集部注　1単位時間は60分、50分授業の場合、残りの10分は教材準備等の時間とされている）がいくらであるか、だけである。

　発令通知を受け取った後は、何一つ研修もないまま気がつけば授業が

始まっていく。一年間を通じての業務への評価は年に数度の管理職による授業観察のみで、その結果を開示されることも無ければ、観察を経て管理職による指導が行われることも希である。仕事が上手くなる術は、全て講師本人の体当たりの努力にかかっている。

　東京都の時間講師の仕事はよく言えば非管理的で、様々な面で融通が利く一方、報酬は低く抑えられる。都の時間講師1年目の授業1コマ（50分）の単価は1,880円（17年以上で3,350円）。ここから税や社会保険料が差し引かれる。病休に入った専任の先生の代替として私が初めて時間講師を始めた際の手取りは週14コマの授業を受け持って月10万円程度、また短期任用での契約であったため当時の規定では長期休業中は無報酬であった。奨学金の返済や家賃・光熱費を払いながらの状況では当然生活は立ちゆかず、朝8時から夕方まで学校で授業・授業準備をした後は、深夜日付が変わるまでアルバイトをしてなんとか生活していたことを覚えている。もちろん、教員採用試験の予備校に通う時間も資金も無かった。

　そうした生活を続けた講師3年目には一時的に持ちコマが週3コマにまで減少し、年金や社会保険料の支払いすら滞るほどであった。その後は次第に持ちコマ数も増えていったが、当時は経済的な貧困とあまりの多忙によって社会的に孤立し、採用試験の勉強時間も無く、年金掛け金も払えず、自分の人生を切り売りしながら生きながらえている状況であった。

　その後はアルバイトを辞められる程度に授業コマ数を頂いているが、生活できる程度に稼ぐとなると、それはそれで常軌を逸した仕事量となる。私の今年度の一週あたりの持ち時数25コマで、子育てをしながらであればこれが生活できるギリギリのラインとなる。ただ、持ち時数が増えればそれだけ仕事量も増えるもので、勤務校は4校、受け持つ科目数は4、週につくる授業案は17コマ分、7種類の定期考査作成、生徒400名の採点や課題対応、平日は深夜まで、土日祝日も仕事をして実年収は期末手

当も入れて360万円程度である。都の「時間講師」の報酬水準は英語助手の外国人の先生や専任の先生と比較して本当に妥当であると言えるものだろうか。

▎誰も知らない時間講師の労働時間

　勤務条件についての話といえば、労働時間に関する問題を避けて通ることはできない。しかしながら時間講師の労働時間は、おそらく時間講師当人ですら把握しているとは言い難いものである。時間講師の仕事は授業であり、元来授業のための準備がいったいどこからどこまでを指すかは甚だ微妙な問題である。もちろん読書の時間やニュースを見る時間も、人によっては労働時間となりえるだろう。授業で使うプリントやパワーポイントの作成はおそらく誰が見ても労働時間に入るだろうが、私のように土日祝日がほとんどそうした授業準備で潰れる人もいれば、手書きや大昔にワープロで作成した教材をそのまま使う人もいる。それの善し悪しは私には分からない。強いて言えば私の要領が悪いのだ。いずれにせよ、そうした仕事の仕方を管理する管理職は存在しない。

　労働時間に関する問題をより難しくしているのが、複数校を掛け持つケースだ。「時間講師」が授業を受け持つ場合、専任の病休などの例を除いて、大半は専任が持ちきれない時間が発生した場合となる。そのため得てして一つの学校で講師に割り振られる時数は10時間もいかない場合がほとんどであり、専業としてこの仕事で生活するには午前と午後で違う学校で授業を行うような働き方が前提となる。東京都の時間講師制度では同じ曜日に複数校を掛け持ちする場合、勤務校間の移動時間は報酬の支払いが無い。言い換えれば勤務時間として認識されていない。以前、私の子どもの保育所入所の際に、入所申請の書類に週あたりの勤務時数を記入することが求められることがあった。各学校の事務が証明できたのは発令通知に書かれたその学校での授業時間のみであり、学校間の移

動時間すら勤務時間としてカウントされなかった。案の定、私の子ども
は保育園に落ちた。その後なんとか空いている保育園を探して事なきを
得たが、あの時は自己都合での失業も覚悟した。

　教員のブラック労働が問題となる中で正規教員の労働時間については
自宅に持ち帰った分も含めた調査が行われた。だが時間講師の労働時間
についての調査が行われる気配は今のところない。

▌自宅研修の廃止と労働条件の悪化

　今思い返せば最初の学校では全てが上手くいかなかった。知識も準備
も足りないまま臨んだ授業は惨憺たる有様で、奮起して勉強しようにも
時間が足りず、結局は生活を優先せざるを得なかった。深夜遅くまでア
ルバイトをしていたこともあって、授業準備が終わらずに何日かは年休
を使って授業を休むことがあった。管理職の先生にはそれを見透かされ、
休暇取得時の電話で「準備できていなくても這ってでも来い」「生徒はお
前のことを待っている」と熱いお言葉を頂いたことを覚えている。今で
はいつ何時どんな学校でもチョークと教科書さえあれば授業ができる、そ
ういった覚悟で仕事に臨んでいる。もちろんあの頃よりは成長して、今
では授業準備を欠かすことはない。

　当時は学校へのコンピュータの持ち込みも出来なかったので、プリン
ト作成など授業準備はほとんど家でやっていた。特に行事や入試などで
授業の無い日は生徒以上に嬉しかった。夜のアルバイトの時間まで一日
中授業準備と向かい合うことができたからである。

　かつて東京都の時間講師には自宅研修が認められていた。自宅研修と
は、学校行事や期間休業などで授業が無い場合に、自宅での授業準備や
教材研究を認めたもので、他県や私立の講師から東京都の時間講師が「恵
まれている」と捉えられた理由の一つである。2020年度から、自宅研修
は「都民の理解が得られない」との理由で廃止された。現在、東京都の

時間講師制度のあり方が大きく変化している。

　自宅研修制度など「恵まれている」仕組みがいかに形成されたかは、私がベテランの時間講師の先生方に聞いて回っても分からなかった。共通して聞けたのは「昔は講師組合が強かった」ということだけである。都教委側にも、この制度を構築した世代の職員は残っていないだろう。旧来の時間講師制度は、おそらく誰も講師を管理しようとしてもできないのだから管理しない、という前提で形作られてきたものであるように見受けられる。時間講師は授業時間のみの拘束となるので、出退勤時間は人によって様々で曜日によっても異なる。管理職側からすればそれを管理することが非常に困難であったということは想像に難くない。また会議に参加することもないため、管理職側が行事や入試の際にそうした人物が参加することは避けたい、と考えたとすれば、自宅研修は双方にメリットがある合理的制度であったと言える。

　2020年度の会計年度任用職員制度の導入により都の時間講師は形式的に他の非正規公務員と統合された。これに伴い、組合がスト権を失うとともに自宅研修制度（編集部注　自宅での研修を勤務と位置付ける制度）は廃止され、授業が無くとも原則「授業に付随する業務」のため出勤が求められるようになった。本来、教材作成から生徒情報の共有、試験作成と採点、評価など「授業に付随する業務」は多岐にわたる。しかし、これもしっかりとやればやるほどその時間内で仕事は終わらず、残りの仕事はサービス残業、家への持ち帰りとなるが、そうした労働時間は調査もされず、誰も把握していない。書類上は振り替え勤務を含めて1日8時間を超えない範囲で勤務していることになるが、実態は誰にも分からない。また振り替え勤務のための書類は各学校の時間講師全体では膨大な量となる。1時間単位でそれぞれの時間講師がどこで何の勤務をしているか、それを適正に管理できる管理職はいったいどれだけいるのだろうか。

　管理的になることには、自分自身の仕事を客観的にみてもらうという面もあるかもしれない。だが今年あった管理的なことと言えば、旧来通りの年1度の授業観察と書類上休暇や振り替えのつじつまが合っているかの確認程度であり、授業や仕事の仕方の改善のためのアドバイスは今年も聞くことはできなかった。

▌時間講師の実力とは何か

　東京都は数年前に時間講師に認めていた正教員の採用試験における一次試験での教養試験免除規定を廃止し、現在、時間講師は社会人枠や経験者枠ではなく大学生たちに混じって一般枠で一次の教養試験から受験することとなった。一次試験は7月初頭、一学期期末考査と成績提出の時期にあたり日程的にも非常に厳しいものである。私も講師として16年目の採用試験も一般枠で一次試験から受験し、例年通り一次試験は突破したものの二次試験で臨時採用にも引っかからない不合格だった。

　東京都教員採用試験の二次試験では、受験者は一定期間の授業計画をまとめた「単元指導計画」をＡ３用紙一枚で作成・提出し、面接ではそれに関する質疑応答を行う。書式は事前に示されたものを参考にすることとなっており、私もその書式に従ったのだが、今回の面接では「あなたは日頃週案を書いていますか？書いていればこんな単元指導計画は書かないと思いますが。」という質問された。どうやら「経験者」である私がそうした書き方をしたことに面接官が突っかかってきた形だ。しかし時間講師が主体となって年間や単元の指導計画を作成することや、その提出を求められることはほとんどない。時間講師一人で担当科目の全ての授業を受け持つケースはまれで、通常は他の教員と授業の進度や内容のずれが無いよう、研修を受けた専任の先生方の書いた計画にあわせて授業を行っている。書き方等について時間講師向けに実施される研修は存在しない。

　面接官は時間講師経験者であるならば研修を受けずともいかなる業務も可能な実力が無ければならない、ということを言っていたのだろうが、指導も研修も無い中でどうすればその実力が身につくのか。私には分からない。そもそも経験を考慮しないで大学生と同じ一般枠で募集しておいて、この対応はあまりにも理不尽ではないだろうか。

　後日の都が行った臨時採用や講師登録の試験は合格となった。もちろんその間に自分に不足していた実力を補う研修は一切存在しない。なぜ正採用の試験で不合格となった人間に時間講師としては合格に足る実力があると判断できたのだろうか。

　私の手元に採用試験不合格の通知が届いた10月、2学期の中間考査を作成している最中だった。流石にため息程度はついたが、仕事の手を止めることはなかった。私が現状の仕事を続けるために身につけた「実力」とはいかなる不条理にも耐え、仕事を止めないことだ。こんな生き方に人間らしい尊厳があるとは思えない。いずれ私も先輩と同じように自分自身を「ゴミですから」と言うことになるのかもしれない。

▎講師の経験を生かし正規に至る道を

　近年、時間講師界隈は「売り手市場」であると言われる。だがそれは次々と倒れ退職する専任教員の代わりとして我々への需要が高まっているに過ぎないのかもしれない。「使い捨て」であるのは何も時間講師に限った話ではない。倒れる教員の代わりに時間講師は時間講師として維持・確保する、そうした状況は改めなければならない。

　現状を固定する力学を打破するために、裾野からの待遇改善が必須である。採用側は人材育成とその確保にはコストがかかることを認識すべきである。それを踏まえて、新卒一括採用と新採の使い潰しを前提とした現状の採用制度を改め、時間講師として経験を積み研修をうけ、本人の希望により正採用に至る道をつくるべきではないだろうか。

非常勤教員に残業代を

上村和範　愛知・臨時教員制度の改善を求める会代表委員
（名古屋市臨時教員）

　私たち「臨時教員制度の改善を求める会」（以下、求める会　1984年発足）は、臨時教員制度の改善を目的によりよい教育のために活動する愛知県の市民団体である。

　求める会は発足以来、「教育に臨時はない」との立場から学校現場には補充教員は必要であるが身分不安定な臨時教員ではなく正規教員の配置を求めてきた。また、非常勤講師の配置が初任者研修制度導入とともに広がった1989年には、初めて実施した非常勤講師の実態調査を踏まえ『教育のパート化は許せない～非常勤講師のさけび～』を発行し、非常勤制度を廃止しすべて常勤で採用するよう求め、常勤化するまでの当面の要求事項を行政に提出した。名古屋市議会では私たちが提出した非常勤講師に交通費の支給を求める請願が採択された。

　その結果、契約は「授業コマ数」から「連続した勤務時間」へ、時間単価の増額、交通費の支給、休暇や権利の拡大などを実現してきたものの、一方で常勤講師の数は急増し、すべての学校ですべての子どもたちが非常勤講師の授業を日常的に受ける状況が生まれたのである。

　2019年11月、名古屋市内の中学校の非常勤講師4名が残業代を求めて、それぞれを所轄する三つの労働基準監督署（以下、労基署）に申告し

ていたが、2020年11月12日、名古屋市教育委員会は労基署が交付した是正勧告・指導（2020年2月）に従い残業代を支払うことを愛知労働局に報告した。これは全国的にも極めて稀な画期的な意味をもつものである。

　非常勤講師は2019年当時、地方公務員法（以下、地公法）第3条3項「特別職」として任用され、地公法が適用される「一般職」と区別され、さらに教育公務員特例法・公立の義務教育諸学校等の教育職員の給与等に関する特別措置法（以下、給特法）の適用除外であり、労働基準法が定める時間外勤務手当（以下、残業代）の支給対象であった。

　ところが、名古屋市教育委員会は残業代の支払いと共に労基署の指導に従いタイムカードを導入したものの、「非常勤に時間外勤務は想定していない」との立場を崩さず、「勤務時間確認書」を用いて契約時間通りに勤務した文書を残させることで、労基署申告者以外の非常勤の残業代の支払いを免れようとした。

　そのため2021年2月、新たに9名の非常勤教諭（2020年度より「職名」が非常勤講師から非常勤教諭に変更）が、適切な勤務時間管理と残業代（時間外勤務手当）制度の整備を求めて名古屋市人事委員会に措置要求を行った。2022年3月22日、画期的なことに人事委員会はその訴えを一部認め残業時間の調査勧告と判定書を市教育長に交付した。

　2020年改正地公法の実施により、非常勤講師は会計年度任用職員として地方公務員「一般職」とされたため、労働条件などの訴えは労基署ではなく人事委員会に申告することに変更されたが、果たしてどのような判定がなされるか「期待できない」との声もある中での快挙だった。

　それでも市教委は「残業は想定していない」「残業代の支払いはない」との姿勢を崩さなかった。

　本稿では不安定で弱い立場にある非常勤講師（2020年度以後は非常勤教諭）たちが、困難を乗り越えて行政の壁に挑んだ意義と現局面についてまとめてみたい。

労基署による「是正勧告書」「指導票」

労基署が名古屋市教育長に交付した是正勧告と指導票は教育委員会の違法行為を明確に認定したものだった。

A　是正勧告

① 労働基準法第15条「労働条件明示」違反。

就業時間、休憩、休日など労働条件の明示がされていない。

② 労働安全衛生法66条の83「労働時間の把握」違反。

労働時間の把握がされていない。

B　指導

① 労働時間を適正に把握すること。その結果を報告すること。

② 労働時間の実態調査を行い、結果と改善について３月末までに労基署に報告する。その結果、支払いが必要な場合は残業代を支払う。他の非常勤講師の実態調査をするかは状況を判断して実施する。再発防止のための具体的な方策を講じること。

▎教員の「労働時間」とは

教育委員会が労基署の勧告に従い残業代を支払ったことは２つの大きな意義があったと考える。

そもそも、義務教育の小中学校には非常勤講師の配置は例外的であったが、小泉内閣の「規制緩和」の結果、配置が急速に広がり、安上がりのため急速に広がり、名古屋市においても教職員の15％を占めるに至った。

一方で、時間外労働の常態化など、当事者や学校現場からは繰り返し改善を要望する声が上がっていたが、労基署の是正勧告がその違法性を認定し、残業代の支払いによって教育委員会が自ら問題を認めたことは、

全国的にも歴史的にも画期的な意義をもつものだった。

　もうひとつは、今回、最大の焦点となった契約時間外の勤務を「労働時間」と認めるか否かだった。

　市教委は当初次のように主張していた。

- 教員の自主性・自発性は児童生徒への教育において期待されるところであるため、教員の勤務は一般の労働者のような時間管理になじまないとされている。
- 単によりよい授業づくりのための研究・準備などは（勤務として）認めていない。

　これらの背景には、給特法のもとで、教員の時間外勤務は労働ではなく自主的な活動であるとして、残業代を支払わず教員を果てしない長時間労働に追い込んでいる学校現場の実態があった。

　市教委の中にも様々な議論があったと予想されるが、ようやく進展が生まれたのが７月７日のことだった。申告者の一人に、校長が「指導室から、昨年の時間外勤務は、業務命令を出したことにしてほしいと言われた」と伝えたのだった。「人事委員会からの指導のようだ」とも校長は語

市が支払った残業代

非常勤教諭	年度	残業時間	残業代
Aさん	2019年	87時間	24万3600円
Bさん	2019年	115時間	32万4800円
Cさん	2019年	161時間	45万800円
Dさん	2019年	20時間	5万6000円
Eさん	2019年	109時間	30万5200円
Fさん	2019年	92時間	26万円
Gさん	2019年	291時間	83万円
Gさん	2020年	93時間35分	27万7972円
Hさん	2022年	50時間	17万7293円
合計		975時間	293万5665円

った。

「業務命令は出していない」とする市教委に対して、私たちは実態を明らかにした意見書を愛知労働局に提出し、文科省・総務省・厚労省への陳情、さらに名古屋市議会・国会での質問を通して非常勤講師の労働と時間外勤務手当不払いの問題を追及した。

労基署による学校立ち入り調査や労基署に呼び出された校長の面談は、「人生でこれほど叱られたことはない」と校長がぼやくほど厳しいものだった。

そして、当事者が申告した時間数が概ね「残業」と認められることになったが、このことは長時間労働に苦しむ現場にも一石を投じるものだったと考える。

▍人事委員会措置要求という新たな一歩

今回の残業代支払いは、単に労基署に訴えたから実現したというものではない。

現場の非常勤講師がどれほどの不当な差別に泣き寝入りをしてきたことだろう。不満を言葉にするならハラスメントや任用拒否が待っているという現実の中で、求める会の非正規教員たちの40年余りの地道な活動が実を結んだという実感である。

私たちは市内377の学校にポスティングを繰り返し、2500名のすべての非正規教員を対象にニュースレターを届け、学校長には手紙を書き、市会議員ばかりでなく国会や文科省・厚労省・総務省にも直接話をしてきた。マスコミがこれらの動向を大きく取り上げ、署名運動と共に世論は広がっていった。

労基署の是正勧告により、市教委はタイムカードを導入したが残業代の支払いを5人（労基署に申告した4人、校長に残業記録を提出した1人）の非常勤講師だけで終わらせるため、「残業はない」とするための新たな管

理を強めた。タイムカードは在校時間を記録するが実際の労働時間は管理職が「勤務時間確認書」として契約時間そのままに記録するという新たな手法である。この新たな壁をいかに乗り越えるかという課題に向き合うことになった。

そのため、2021年2月、新たに9名の非常勤講師が人事委員会に対して措置要求に踏み切った。

① 非常勤講師の勤務時間について、是正勧告に従い、タイムカードなど客観的方法で把握し、その記録を保管すること。勤務時間確認書は廃止すること。
② すべての非常勤講師の時間外勤務について、法令に則り、過去2年間に遡り調査し残業代を支払うこと。
③ 時間外勤務手当制度を整備し周知すること。

この取り組みにはマスコミも注目し、「中日新聞」は大きな紙面に解説を加え次のように報じた。

　　名古屋市教委が労基署の是正勧告を受けて2020年4月、小中学校などの非常勤講師約1400人向けに導入した「勤務時間確認書」に、疑問の声が上がっている。確認書は始業・終業時刻があらかじめ印字され、修正は原則認められない。非常勤講師側は『残業代を支払わない仕組み』と指摘するが、市教委側は時間外労働がない勤務条件だとして「問題ない」と反論している。
　　確認書は、非常勤講師と管理職が毎日押印して労働時間が決まる。非常勤講師の七海純子さんは「偽りの記録を自ら認めるようで腹立たしい。正規教員らと同様にタイムカードを導入し、残業した場合は残業代が支払われる仕組みを保障してほしい」と訴える。

　非常勤講師の苦情を受けた市人事委員会は2021年6月、市教委に「始業、終業時刻を適切に把握しているか疑念を招く恐れがある」とした上で、タイムカードの導入や、非常勤講師に記載させた登校・退校時刻を基に労働時間を確認する方法が望ましいと申し入れた。（中日新聞2021年12月26日）

2021年11月24日、文科省総務省へ要請アクションを行い、非常勤残業代・臨時教員の代替制度について直接声を届ける。衆議院議員本村伸子さん・宮本岳志さんが同席された。

▌新たな逆風を乗り越えて

　ところが、3月にこの措置要求が市教委に通知されると、2021年2月の措置要求者9人の内8名を、市教委は4月の新年度に任用せず職を奪い、人事委員会に対しては「市の職員としての身分を有しないので要求は却下すべきだ」と求めたのである。

　私たちは、不当な任用拒否に対して再三抗議し公正な任用を求めてきたが事態が変わらなかったため、9月に次のような要請書を人事委員会に提出した。

　　名古屋市の学校で働く非常勤教諭9名は、人事委員会への措置要求書を提出し、2月25日に受理されたところです。貴委員会におかれましては、この事案について審議をされていることと存じます。

　　さて、名古屋市教育委員会は新年度にあたり、当事者である非常

勤教諭の9名中8名を雇止めとし任用しませんでした。この状況は9月現在も変わっていません。さらに9月初めには措置要求者の一人であるＡの任用について、差別的対応であるとの疑いを抱く事案が起こりました。

　つきましては、貴委員会におかれましては、公正な手続きにより問題の解決を望んでいる措置要求者について、その人権保護の立場から事実関係の調査をすすめ適切な対処をお願いする次第です。

　この要請について人事委員会は市教委へ働きかけを行い、また求める会として断固とした決意で任用拒否の撤回を求めてきたところ、2021年10月になり市教委から「Ａさんに対する謝罪」「公正な任用を行う」と回答があった。その結果、Ａさんばかりでなく任用を希望するすべての要求者の任用が11月までに実現したのである。

　そして2022年３月、名古屋市人事委員会は画期的な改善勧告と判定を交付した。最も注目されたのは職を奪われたＢさんの「要求者適格」が認められるか否かであった。Ｂさんは9名の中で唯一残業代を請求していた。

　　Ｂは名古屋市職員の身分を喪失しており、要求者適格を有しないのが原則である。しかしＢは、超過勤務をしていたと主張し超過勤務の記録を当委員会に提出し、実態調査等を要求しており、要求が認められた場合、未払いの賃金を受けられる可能性があるから、職員の身分を喪失してもなお要求の利益があると考えられる。そこで、当委員会は、Ｂの係る利益について、訴訟以外の簡易な手段で救済できないか、各種制度の検討を行った。（中略）そのため、現段階においては、Ｂの利益を救済する訴訟以外の簡易な手段を見出しがたい。そのような状況で上記原則を貫けば、Ｂの救済上不都合が生じ

　<u>る</u>。よって、当委員会は、現段階においては、要求の利益を措置要求制度によって救済する必要があると認め、<u>Bに要求者適格があると認め</u>、要求の認否を判断することとする。（人事委員会判定書より）

　審査の結果、要求は認められBさんの残業時間の調査を行うよう教育長に対して勧告が交付されたのである。これは全国で初のことだった。
　その後も非常勤教諭の立ち上がりは続き、2023年4月現在、残業代が支払われた非常勤教諭は8名、残業代は293万円に達した。
　その中の1名は産休中の非常勤教諭が授業プリントや試験問題を自宅で作成した事例である。私たちの指摘に対して、市教委はやむなく事実を認め校長が本人の聞き取りなどから労働時間が「50時間」であったと認定したものである。
　このように逆風を乗り越えた私たちは、労基署から人事委員会へ申告先が変わってもその勧告を引き出すことができ、「職員の身分」を失ったBさんや自宅で残業した非常勤教諭の残業代の支払いを実現させることができた。

▌教員不足解消のたたかいが臨時教員制度の矛盾を露わに

　「えっ？子どもの権利っていうけど、私の今の状況って、この権利が守られてないってことじゃないの？！」
　名古屋市の中学生が子どもの権利条約のプリントを見て、母親に尋ねたのは2022年1月のことだった。困ってしまった母親は私の同僚である非常勤教諭だったので私に相談され、後にその時のことを次のように語っている。

　　正直、私がこの権利について全く無知でしたので、娘自身が自分の権利を主張し、自分の置かれている（教員不足で学習ができていな

い）環境を解決しようと行動しようとしていることが、求める会の活動にもつながっていくようなことになるのかも……と驚いています。

　娘は、「自分で話をするからママは、私の状況を知らないんだから黙って座っていればいいから、口を出さない出さないで」と言われ、私はただ、相談場所に連れて行っただけですが、娘自身がはっきりと「自分の置かれている学校の状況（なぜ休養が続いていて、代替教員がいないのか）を知りたいし、先生がいない状況を改善してほしい！」と伝えていたのです。

　同じ頃、文科省は全国の教員不足の調査結果を初めて公表し、その深刻な実態が社会問題として広がることになった。中学生が「私たちの学ぶ権利」として「名古屋市子どもの権利相談室」に訴えたことは大きな衝撃を与え、地元中日新聞が大きく報道し、NHKが全国ニュースと「クローズアップ現代」で取り上げ、9月には名古屋市会本会議において教育長が追及されることになった。

　私たちは、教員不足問題の背景には臨時教員制度の破綻があり、その矛盾が露わになったものであると考えた。

　「教員不足とは　臨時採用の候補者も減少」（日本経済新聞　2023年1月）などと言われるが、教職員の定数改善を怠り、給特法を見直さず教員を果てしない長時間労働に追い込んできた政府と自治体の政策に根本的な原因があるのではないか。不足する教員を非正規雇用で補い続けてきたが、劣悪な労働条件で不安定な雇用ではもはや限界に達し、学校が「崩壊」するのではないかという危惧が広がっていると感じる。

　とりわけ、非常勤教諭はその数の多さにおいても、劣悪な労働条件と未権利の実態においても教師にふさわしい働き方ができるのか、一刻も早く根本的な改善が迫られていると思われる。私たち求める会が名古屋

市に提出した要求書（2023年1月）では次のような改善を求めている。

① タイムカードの適切な運用による正確な労働時間の管理を行い、時間外労働の実態を把握し残業代を支払うこと。

② 授業時間は契約時間の2分の1程度とし必要な教材研究や研修などの時間を保障すること。

③ 正規教員と同様に勤務できる条件を整え「同一労働同一賃金」を保障すること。産休や病休などには代替を配置すること。同一校における任用継続の制限を撤廃すること。パソコンやタブレットを貸与する。旅費・勤勉手当・退職手当などを支給すること。

そもそも戦後の教育基本法が教員の身分について、「法律に定める学校の教員は，全体の奉仕者であつて，自己の使命を自覚し，その職責の遂行に努めなければならない。このためには，教員の身分は尊重され，その待遇の適正が，期せられなければならない」としてきたのは、戦前の侵略戦争の反省に立ち、子どもたち、国民に直接責任を負う教員の責務を果たせるようにするためだった。

学校教育法（1947年制定）は「小学校には、前項の外、助教諭その他必要な職員を置くことができる」（第28条第2項）としたが、「『その他必要な職員』とは講師、学校医、看護婦等を予想している」（内藤誉三郎　『学校教育法解説』　1947年　ひかり出版）とされ、講師は特定の技能を持つ人に特別の免許を与えて時々授業をしてもらうことを想定していたと思われる。

1950年に地公法第22条3項に臨時的任用が定められ，公務員の臨時的任用制度が発足するとともに，1956年4月に「女子教職員の出産に際しての補助教職員の確保に関する法律」が施行され，公立学校の教職員の臨時的任用が始まった。

2020年に改正地公法が施行されるまで、「特別職」の非常勤講師や「臨時的任用」の常勤講師は全国の自治体でその数も職種も歯止めなく拡大し、やがて非正規教員の濫用とその破綻が今日の教員不足の大きな要因になったのではないかと考える。

そして地公法が改正された今も、依然として多くの自治体の非正規教員が不安定な身分と劣悪な労働条件に置かれている。

学校「崩壊」が危惧されるような教員不足の広がりのもとで、中学生が訴えた「学ぶ権利」に私たちは応えていかなければならない。

身分なき教師たちが未来を切り開く担い手に

振り返れば愛知と全国の臨時教員たちのたたかいの歩みは苦難に満ちた、差別と貧困に向き合う日々だった。妊娠を理由に採用試験合格通知を取り消された七海純子さん、妊娠を校長に告げると約束されていた臨時採用を拒否された兼松ゆかりさん。実名を明らかにして社会保険適用を訴えた筆者は、仕事を奪われ年収30万円のときもあった。

しかし、たたかってきた私たちには新たな光景が見えるようになった。長時間労働に苦しむ名古屋の学校現場で、実名を明らかにして労基署や人事委員会に訴え残業代をかちとるたたかいの先頭に立ったのは身分不安定な非常勤教員たちだった。

また、2017年の県費負担教職員人事権の政令指定都市への移譲に際し、給料月額10万円削減、休暇の剥奪、新たな任用にあたり「2ヶ月空白」などを押し付けられようとしたとき、これを撤回させるために人事委員会に措置要求したのは常勤の非正規教員たちだった。その結果が、「同一労働同一賃金」の実現をもたらし、教員不足に一定の歯止めとなる労働条件を確保することができたのである。

1990年には教員採用選考問題・選考基準の公開を求め、名古屋市の非開示決定に対して情報公開審査会に訴え、これを覆して全国初の公開を

実現させたのも非正規教員たちだった。

　政府や行政の政策の下で教員の最下層とも言われる非正規教員たち、身分なき教師たちの歩みがやがて教育の未来を切り開く担い手になり、人間らしく生き生きと働く学校の光景を今私は思い浮かべることができる。

第 3 章

私学、大学、教育行政は今

私学の存立と
「非正規」教員問題

葛巻真希雄 全国私教連書記長

▎はじめに

　コロナ禍をくぐり抜けた学校現場は、教育のICT化の大波をかぶりつつも、人が集まることや対話することの意味を自覚的に問い直してきた。この間、まだ端緒とはいえ41年ぶりの義務標準法改正による小学校の段階的な35人学級や特別支援学校設置基準策定などの成果もあるが、他方で不登校や自殺の有意な増加が調査で明らかになっている。未曽有の危機に際して学校が機関として子どもたちの不安を受け止められたか、一人ひとりの子どもたちに丁寧に寄り添い、個々の思いや願いを聴き取るという教育本来の役割を果たしてきたか、と問われればその答えは覚束ない。何故か。政策や行政の不手際（や無理解）ももちろん重大だが、根本的には保健所や病院や介護施設がそうであったように、脆弱な体制、端的に言えば危機的な教員の不足のためである。ここに非正規雇用の問題が横たわるのも福祉や医療と同様であり、さらに私学に固有の課題も拍車をかけている。タイトルの「存立」を辞書で引くと「滅びたりつぶれたりせず立ちゆくこと」とあり、大げさに思われるかもしれないが、関係者には実感を伴って受け止められるだろう。本稿では非正規教員の問

題に焦点を当てることで見えてくる私学の課題を教育と労働の両面から
捉え、改善の方途を探りたい。

▎私学の非正規教員の実態

「非正規」と一言で言っても、その内実は私学では非常勤講師と常勤講
師に分かれる。非常勤講師は授業だけを担当し、持ち授業のコマ数で契
約し、したがって他校や他職との兼任も可能だ。中には同じ曜日の午前
と午後で職場を移動するケースもある。これに対して常勤講師は契約こ
そ1〜3年の有期雇用である点を除いて（さらに言えば同一労働同一賃金の原
則に反する明白な賃金差別もあるが）、授業、校務分掌、部活動指導や学校
によっては学級担任や募集業務も含めて、職務は専任とほぼ同様である。
なお、「常勤講師」は公立学校の「臨時的任用教員」に相当する総称であ
り、実際には学校によってさまざまな名称が用いられている。

非常勤講師と常勤講師を足した人数の、全教員数に対する割合が非正
規率である。文部科学省の学校基本調査から2021年度の全日制高校の非
正規率を計算すると、全国の私学で40.8％となる。これは、総務省統計
局の労働力調査が示す全職種の「役員をのぞく非正規従業員の割合」の
36.5％よりも高く、公立高校の非正規率約19％の倍以上だ。大阪、福井、
岡山では非正規率が5割を超えている。半数を切る教員を「正規」と呼
ぶことにもはや意味があるのだろうか。

全国私教連ではさらに、「高等学校等就学支援金制度」が創設される前
年の2009年度と直近の制度拡充が実施された2020年度を比較して、推
移を調べている。それによると、私立高校生徒数2万5,951人増、専任教
諭1,210人増に対して、常勤講師2,152人増、非常勤講師1,568人増で、
最近の非正規教員、とくに常勤講師の急増ぶりが見てとれる。大阪府で
は、この11年間に常勤講師が632人増え、比率で約10％も上がっている。
大阪に加えて福岡、熊本の3府県で常勤講師率は17％を超えている。就

学支援金制度の段階的な拡充も影響していると思われる私学の生徒増（同期間に公立全日制高校生徒数は少子化によって約24万人減っている）に際して、ちょうど大量退職時期を迎えた教員の相当部分を常勤講師で穴埋めしている、というのが実情だろう。この常勤講師という制度が私学教育にとって桎梏となっている。

私学の存立と非正規教員問題

　非正規率の増加が私学に何をもたらしているのか。因果関係は必ずしも明確ではないし、日本社会全体の問題と重なる点も多いが、そうであってもこの問題が私学の教育と労働条件の両方に甚大な影響を及ぼしていることには変わりない。

(1) 私学教育の根幹をゆるがす

　私学は「建学の精神」や独自の教育理念に基づいて教育課程を編成し、特色ある教科や課外活動を展開する教育実践をおこなっている。「私学の自主性」「私学教育の自由と多様性」である。それは、公立のような広域異動がなく、長年にわたってその学校に勤務する教職員や同窓生によって培われてきた、いわば「校風」でもある。数十年前の卒業生が不意に学校を訪れて再会を喜ぶこともあるし、卒業生が親となって子どもを同じ学校に通わせることも少なくない。

　1年または数年で入れ替わる非正規教員が相対的に増えるということは、したがって、理念や校風だけでなく、授業のやり方から生徒理解、保護者との共同に至るまで、その学校ならではの手法や文化から切り離された、その場限りのものとならざるを得ない。つまり、人から人へと受け継がれる私学の独自性を自ら廃棄する、私学教育の根幹をゆるがすことなのである。

(2) 労働条件の全体的な破壊

　教員の長時間過密労働の問題は公私問わずすでに知れわたっているが、雇用形態から見るとその構造がよくわかる。

　まず、非正規の増加イコール正規の減少なのだから、その分正規雇用の専任教員の1人あたりの業務は増える。常勤講師は校務分掌も担うが、とは言っても専任しか担えない業務はあるし、経験値が蓄積されて引き継がれることがなければ、毎年新人はいても中堅が増えないので、仕事を教える人はいつまでたっても教えなければならない。また、非常勤講師が増えれば、時間割作成や試験期間の日程調整など、教務管理上の業務が増える。直接雇用だけでなく派遣会社との契約が加わるとさらに増える。経験的に言えば、非正規率にはある閾値があり、それを超えると一部の教務担当者や管理職の管理業務が飛躍的に増え、かつ複雑化する。深夜に及ぶ残業や精神疾患を生みだすメカニズムと言ってよい。

　では非正規の側は労働強化を免れているかというと、そんなことはない。常勤講師は経験も情報も限られた中ですべての業務をこなしている。しかも、翌年または数年後の専任採用を目の前にちらつかされて、常に評価に晒されている。隣の机の同僚がライバルという環境で際限のない競争を強いられているのだ。非常勤講師もこの構造は同じで、加えて授業準備や試験の作成、採点、場合によっては生徒指導も無給で（付随する業務も授業のコマ給に含まれるというのが建て前だが）こなさなければならない。「やりがい搾取」そのものであり、もはや人道的な問題と言っても過言ではない。志ある若者をこんなふうに使い潰す社会にどんな未来があるというのだろうか。

(3) なり手が不足する悪循環

　処遇が採用に影響するのは当然だ。公立では教員採用試験の倍率が過去最低を更新し、現場では「教員未配置」問題がすでに顕在化している。

先に管理業務の増加に触れたが、欠員の補充ができずにその教務主任や教頭が教科担当や担任を兼ねるケースもあれば、学年教員団が入れ替わり立ち替わりクラスに入って急場をしのぐこともあり、いずれにせよ深刻である。私学も状況は同じで、採用情報を出しても教科によっては応募すらないことも珍しくない。それどころか、専任の新規採用は今ではほぼ皆無であり、有期雇用の常勤講師が「試用期間」のようになっている。ある30代の優れた実践家に話を聞くと、それまでに複数の学校で計２年半の非常勤講師と７年間常勤講師を務めたと言う。よく生き延びてここまで来れたね、と抱きしめたくなったくらいだ。

　こんなエピソードもある。中国地方のある県で、中途採用を増やすという県教委に見通しがあるのかと質すと、「供給元は私学だ」と答えたという。もとより伝聞の域を出ないし、仮にこの放言が事実だとして、どこまで本気で言っているのか定かでないが、にしても心中穏やかではいられない。生徒どころか教員を公立と私立で奪い合うという悪夢のような現実が、もう目の前に来ているのかもしれないのだ。

　すでに大学の教員養成課程では、学年が上がるごとに教員志望者が目に見えて減っていくと聞く。学校は沈没船に見えているのだろう。現場が疲弊し、供給も細り、これでは悪循環と言うより、もうシステム全体の崩壊に瀕しているのではないだろうか。

▍解決を阻む要因

　学校法人と言えども私学は経営の問題を抜きには存立し得ない。1999年をピークに生徒急減期に入った私学では、不安定な生徒数が経営に直結するため、軒並み人件費抑制に舵を切った。折しも1995年に当時の日経連が「新時代の日本的経営」を打ち出し、労働者派遣法が累次の改正を経て規制緩和が拡大した時期とちょうど重なる。私学における常勤講師の導入から拡大の経過を見ると、派遣法と同様に「小さく生んで大き

く育てる」を地で行っているのがわかる。経営者ですら20年前には想定していなかった事態なのだろう。しかし、先に触れた公私の状況を思い起こせば、非正規教員の多用によって人件費を抑制している私学経営者は、いつまでもそんなことをしているといずれまともな採用ができなくなる危険があることを自覚するべきだろう。交渉相手の組合に対して自校の常勤講師を臆面もなく「調整弁」と言い放った経営者もいるが、論外である。

　なお、経営上の問題は非正規率とともにクラスサイズにも表れる。地方の私学では、今でもコースによっては40人を超える生徒数のクラスがあり、中には50人近いクラスもある。OECD「図表で見る教育 2021年版」によると、学級あたりの生徒数平均が私学のほうが多い（つまりそれだけ教育条件が悪い）のは、比較可能な主要国では日本だけである。

　解決を阻む他の要因として、不可視化の問題も指摘しておきたい。3年なり6年なりのスパンで子どもの成長を保障する学校で、教員の雇用形態の差異は生徒にも保護者にも厳密に隠されている。そりゃそうだろう。隣のクラスの担任は今年限りです、などとはとても言えまい。それは隠蔽というよりも、少なくとも意図としてはある種の誠実さの現れだろう。しかし、それがこの問題を見えなくし、結果としてこれを単に教員の待遇の問題としてだけではなく、教育そのものの課題と捉え、当事者である保護者と連帯して解決をめざすことを阻んでいる。

　とっくに自壊してもおかしくない教育現場がそれでも何とか持ちこたえているのは、個々の教員の誠実な奮闘に依ることは間違いなく、そこに正規か否かの区別はない。だからこそ、現場の努力がかえって問題の可視化を阻み、解決を遠ざけているという皮肉がなんともやるせない。「先生、来年も担任やってね」「来年も先生の授業受けたいな」と生徒に言われて、「いや、実はね…」と言うことを禁じられて力なく笑うしかない有為な若者が、どれだけ深く傷ついているのだろうかと思うと、もっ

とやるせない。私たちはそうやって、次々と仲間を失っているのだ。

▎改善の方途を探る

　ことは学校教育だけの問題ではなく、社会変革と政権交代が解決の前提である。したがって解決ではなく改善を、しかも探るという迂遠な物言いを甘受しつつ、それでもせめて課題に肉迫しておきたい。

　第一に、近年の労働法制整備に依拠して、労働者としての正当な権利を主張することである。2012年改正の労働契約法によって、契約期間が1年の場合、勤続5年で無期転換申込権が発生する。さらに2019年改正のパートタイム・有期雇用労働法によって、不合理な待遇差が禁止され、「均等・均衡待遇」が求められるようになった。ただし、いずれの法改正も、それだけで自動的に専任採用に道が開けるわけではないことに注意が必要だ。非正規社員の待遇差が争われた2020年の3件の事例では、最高裁の判断が分かれた。無期転換申込権を行使させないために経営者が先回りして不当な雇止めに走るような副作用も現実に起こっている。働き方改革関連法が弥縫策を重ねに重ねてかえって全容がわかりにくくなったように、抜本的な改革が成されたわけではないということを認識すべきだろう。

　第二に、根本的には教育費の大幅な増額が必要であるという認識に立って、それを実現する運動に参加することである。私立高校の運営費を補助する「経常費助成」は、現在公立高校の学校教育費（公費）のほぼ3分の1相当分をカバーしている（残りの3分の2が私費負担分であり、授業料や施設設備費等の学納金にあたる。ただし厳密には学納金平均額はこの私費負担分よりもかなり低く、それだけ私学の教育条件は切り下げられているとも捉えられる）。税金を私学に支出する法的根拠は1975年施行の私立学校振興助成法だが、その附帯決議には「（国庫負担割合を）できるだけすみやかに2分の1とするよう努めること」とある。できるだけとか努めるなどいかに

も腰が引けている印象は免れないが、それにしても「できるだけすみやかに」を半世紀近くも放置してきた政府の姿勢は問われなければならない。3割と5割ではまるで話が違ってくるのだから。

ちなみに、前述の文部科学省の学校基本調査に戻ると、2021年度の全国の全日制私立高校は学校数で30.8％、在籍生徒数では34.4％である。私学は一部の金持ちの道楽や趣味でもなければ（いまだにそのような誤解は根強く残っているが）、公立学校の補完施設でもない。私学の存立は教育の多様性を保障し、それ故にすべての子どもたちに教育の機会を保障する「公教育」を支えているのだ。この点で、国に経常費助成の拡充を求める「私学の無償化」は、経営者との協同の課題でもあるだろう。

最後に、これらの条件を実現するために労働組合が果たすべき役割について触れておく。教員の労働条件の改善を単に賃金や待遇の問題に矮小化せず、それらを教育条件と一体的に捉え、「ゆきとどいた教育」の実現をめざす運動が求められている。教える教師と学ぶ生徒と委ねる保護者の、いずれかの犠牲の上に成り立つ教育であってはならない。三者が協同してあるべき教育を追求するとすれば、その要の位置に教職員組合が存在していなければならない。労働組合の今日的役割はそこにある。

大学非常勤講師の
実態と
待遇改善

江尻彰　関西圏大学非常勤講師組合書記長

▌大学の非常勤講師の実態を社会に伝えることの重要性

　大学の授業は専任教員とともに非常勤講師が重要な担い手になっている。しかし、大学の非常勤講師の実態は一般にはほとんど知られていない。例えば、大学非常勤講師が雇止めなどで裁判を起こす場合、一番むつかしい問題のひとつは裁判官が大学の非常勤講師のことをほとんど知らないことである。そして、知らないことで誤った判決が下される場合が少なくない。裁判官のなかには、大学の非常勤講師は専任教員になるための一時的な仕事と誤解している場合が多い。一時的な仕事なので雇止めになっても別の仕事を探せばよいと判断される。しかし、現状では後で述べるようにほとんどの非常勤講師は専任教員になれないし、雇止めは非常勤講師にとって生活できるかどうかの死活問題なのである。大学の非常勤講師の実態を広く社会に知らせていくことは、大学の非常勤講師がさまざまなたたかいを進めていく上で重要な課題である。

▌全国に大学の非常勤講師はどのくらいいるのか

　全国に大学の非常勤講師はどのくらいいるのであろうか。文科省は大

学の非常勤講師について実態調査を実施していない。かろうじてわかるのは文科省が毎年実施している『学校基本調査』である。この調査では教員数について「本務者」と「兼務者」に分けて人数を出している。ここでいう「兼務者」が非常勤講師と考えられる。2022年調査では、「本務者」である専任教員が19万646人、「兼務者」の非常勤講師が20万252人となっている。なお20年前の2002年の同調査では、それぞれ15万5,050人、14万9,388人となっており、「本務者」である専任教員の方が多かったが現在は逆転し「兼務者」である非常勤講師の方が多くなっている。これを国公立大学と私立大学とで比較してみると2022年調査では私立大学では「本務者」が11万2,404人、「兼務者」14万3,679人となっている。国公立大学では、それぞれ7万8,242人、5万6,573人となっている。私立大学の方が非常勤講師に多く依存していることがわかる。

　この『学校基本調査』で非常勤講師ののべ人数はわかるが非常勤講師にもさまざまな人がいる。非常勤講師のタイプを類型化すると次の3つに分けられる。①本務校があり他大学で非常勤講師を兼ねている。②民間の研究所、弁護士など別に本業があり非常勤講師として大学で教えている。③非常勤講師収入が主たる収入で、他に塾などでアルバイトしている。このうち③の人たちが「専業非常勤」と呼ばれている。生活が大変なのは、この「専業非常勤」であり、関西圏大学非常勤講師組合に加入している人のほとんどがこのタイプの非常勤講師である。多くの「専業非常勤」は1つの大学の授業を担当しているだけでは生活できないため複数の大学を掛け持ちで授業を担当している。

▍私立大学の教育と経営を支える低賃金の非常勤講師

　もう少し具体的に非常勤講師と大学教育との関係について関西圏の主要大学を例に見てみよう。

　表1は関西圏にある5つの大学について非常勤講師がその大学でどの

くらいの授業を担当しているのかを見たものである（なお、ここに例として挙げている5つの大学は関西圏大学非常勤講師組合が毎年、関西圏の大学に実施している「労働条件アンケート」に回答してくれている大学である）。

　A～Dの4つの大学は関西圏にある大手の私立大学である。学生・院生数がいずれも2万人を超えるマンモス大学である。E大学は関西にある国立総合大学である。非常勤講師の人数を見ると、私立大学では非常勤講師数が専任教員数をいずれも上回っており、ひとつの大学で千人を超える非常勤講師が勤務している大学もある。他方、国立のE大学は専任教員の方が多い。本務校があるかどうかについてはA大学とD大学では「本務校なし」が多くなっているが、B大学ではほぼ同じ、C大学は「本務校あり」が少し多い。国立のE大学は「本務校あり」が圧倒的に多くなっている。

表1　関西圏の主要大学の非常勤講師人数と担当コマ数とその割合（2021年度）

	A大学		B大学	C大学		D大学		E大学	
学生・院生数	27,531		35,712	26,244		20,533		15,872	
	前期	後期	通年	前期	後期	前期	後期	前期	後期
非常勤講師人数	1,190	1,184	1,226	1,883	1,883	917	836	889	588
うち 本務校あり	379	394	611	1,037	1,037	402	346	734	438
本務校なし	811	790	615	846	846	515	490	155	150
非常勤講師担当コマ数　①	3,054.6	3,009.1	2,101.8	3,566.8	3,497.6	2,111.65	1,965.97	718	523
うち 本務校あり	672.3	659.3	554.1	1,083.2	1,051.5	572.7	486.7	335	192
本務校なし	2,382.3	2,349.8	1547.7	2,483.6	2,446.1	1,538.95	1,479.27	383	331
専任教員数	761	757	899	638	638	516	516	1,301	1,097
専任教員担当コマ数　②	5,036.2	4,965.8	5,356	4,720.1	5,508.2	3,158.23	3,166.99	7,329	5,623
総コマ数（①+②）　③	8,090.9	7,974.9	7,457.8	8,286.9	9,005.8	5,269.88	5,172.32	8,047	6,146
①／③（%）	37.8	37.8	28.2	43.0	38.8	40.0	38.0	8.9	8.5
専任給与費総額（千円）④	10,103,721		14,788,357	5,684,752		7,032,081		無回答	
非常勤給与費総額（千円）⑤	1,193,133		1,030,114	1,269,677		797,914		無回答	
⑤／④+⑤（%）	11.2		6.5	18.2		10.2		－	

（出所）関西圏大学非常勤講師組合「労働条件アンケート2022年」
*学生・院生数は2022年5月1日現在、各大学のHPより

　授業の担当コマ数について見ると、私立大学の場合は非常勤講師が2,000コマ〜3,500コマを担当しており、「本務校なし」の人たちは1人当たり平均2.5コマ〜３コマを担当している計算になる。非常勤講師と専任教員の担当コマ数の合計の全コマ数に占める非常勤講師の割合を見ると、Ａ大学が37.8％、Ｂ大学が28.2％、Ｃ大学が38.8〜43.0％、Ｄ大学が38.0〜40.0％となっており、関西圏の大手の私立大学では授業の28.2〜43.0％を非常勤講師が担っていることになる。他方、国立大学のＥ大学は8.5〜8.9％となっており非常勤講師への依存度は相対的に低くなっている。国立大学では学生数に対する専任教員の数が多いため非常勤講師は少なくてすむ。

　他方、この表の下にある給与費の比較であるがＡ大学では専任教員の給与費総額が101億円に対して非常勤講師給与費総額は12億円にすぎない。非常勤講師の給与総額は全体の11％にすぎない。この比率はＢ大学では6.5％、Ｃ大学は18.2％、Ｄ大学は10.2％となっている。非常勤講師の給与が専任教員に較べいかに安いかがわかる。

　関西圏の大手の私立大学では非常勤講師が授業の４割近くを担当しているが給与は１割ほどしか支給されていない。非常勤講師は私立大学の教育のかなりの部分を担っているにもかかわらず安い賃金で働かされていることがわかる。安上がりの非常勤講師の存在は私立大学の教育と経営にとって不可欠な存在となっている。

▌大学非常勤講師の賃金・一時金はどうなっているのか

　非常勤講師の労働条件はどうなっているのか。まず、賃金について見てみよう。非常勤講師の賃金には回数制と月給制がある。国公立大学はほとんどが回数制となっており、１回（90分〜100分）の授業ごとに賃金は支払われる。このため授業がない夏季・春季休暇期間は無給となる。他方、関西圏の私立大学のほとんどは月給制である。月給制の場合、毎月

の授業回数に関係なく担当コマ数に応じて毎月一定額が支払われる。授業のない夏季・春期休暇期間中も賃金は支払われる。非常勤講師にとっては2つの形態のなかでは月給制の方が、毎月の収入が安定しているため望ましい。ただし、回数制にしても月給制にしても年間の収入で計算してみるとあまり変わらない。例えば、表2にある私立大学のD大学の場合、1コマ3万円なので12か月分で計算すると年収36万円になる。他方、国立大学のE大学の場合、授業は年間30回あるので、年収にすると34万8000円（時給5800円の場合）になる。若干、私立大学の方が高いように見えるがD大学の賃金は私立大学のなかでは相対的に高い大学なので、それを考えると回数制であろうが月給制であろうが年収はほとんど大差ない。私立大学の賃金も元々は回数制であったが、組合などの要求で月給制にしたのである。

　この賃金の支払い方の違いは非常勤講師の一時金の問題と関係している。現在、ほんどの大学は非常勤講師に一時金を支払っていない。私立大学との団体交渉で、組合が一時金を支払えと要求すると、大学側は一時金を支給しない理由として「授業のない夏休みや春休みにも賃金を支払っているので、それが一時金の代わりになっている」と回答する。しかし、これは非常勤講師の賃金制度についての大学の無理解から来ている。

　表2は、関西圏の私立大学の主要大学の現在の賃金を示している。大学によってはA（教授級），B（准教授級），C（講師・その他級）などのランク別の大学もあるが、関西の大手の私立大学はほとんど実質的に一律になってきている。H大学は、これまでランク別に賃金を支払っていたが、組合からの要求もあって2023年度から一律となり賃金も大幅アップした。表に示しているように関西圏の大学非常勤講師の賃金水準は、私立大学の場合、1コマ月額2万8000円～3万円とほとんど横並びである。国公立大学も1回授業当たり1万円～1万2000円となっている（E・K大学は

時給であるが1回の授業を2時間でカウントしているので1回の授業で、この2倍支払っている）。この賃金水準はH大学を除けば10年以上ほとんど変わっていない。専任教員はベースアップがなくても定期昇給があるので賃金は上がるが非常勤講師は定期昇給がないため10年間賃金は同じままである。

▌非常勤講師の賃金がコマ単位で支払われることの問題点

　非常勤講師の賃金は回数制にせよ月給制にせよコマ単位で支払われている。1コマとは90〜100分の授業のことである。言うまでもなく授業をするには、その準備が必要だし、授業後の学生の質問にも対応しなければならない。それらは授業の必要労働時間である。その他にも非常勤講師は年間の授業計画も立てるし、成績評価をするために試験を作成し採点もしなければならない。大学はこれらのことを含めて1コマの賃金を支払っていると言っている。

　しかし、コマ単位での賃金支払いはコロナ禍でさまざまな問題を起こした。授業時間はこれまでと変わらないが、授業を対面で参加している学生に対してだけでなく遠隔で参加している学生に対しても配信するハイブリット授業を強いられた非常勤講師は少なくない。授業準備もこれまで以上に時間をかけなければならなくなった。また、授業の内容について授業時間とは関係なくメールで質問してくる学生がいる。これにも対応なければならない。つまり、コロナ禍で非常勤講師の労働はかなり過重になった。それにもかかわらず、大学は賃金を1コマいくらで支払っているので、それ以上は支払わないと言っている。1コマ単位での賃金の支払い方は労働内容、必要労働時間がこれまで以上に長くなっても過重になってもそれが賃金に反映されないという問題がある。同じ1コマでも必要労働時間が長く過重になれば、その対価としての賃金もそれを反映させ賃上げする必要がある。

表2　関西圏の大学非常勤講師の労働条件一覧

	A 大学 (私立)	B 大学 (私立)	C 大学 (私立)	D 大学 (私立)	F 大学 (私立)	G 大学 (私立)
給与	月額 1コマ 特級 29,200円 A 28,800円 (実質一律A)	月額 1コマ 特A 41,400円 特級 30,000円 A 29,200円 (実質一律A)	月額 1コマ A+ 29,600円 A 28,800円 (実質一律A)	月額 1コマ 一律 30,000円	月額 1コマ 一律 30,000円	月額 1コマ A 28,200円 B 26,200円 C 25,200円
契約 更新 回数 上限	現在なし	授業担当講師は4回	10年	現在なし	現在は なし、次 年度は 検討中	原則5年、条件に該当する場合は5年を超えて更新することがあり
無期 転換の 行使	5年で 無期転換	2013年4月に雇用関係があれば2018年中に申請すれば2019年から無期転換。2016年採用された授業担当講師は最高5年で雇い止め	2016年3月以前から雇用関係にあった非常勤講師は2013年4月を起点に無期転換権行使可。2016年4月以降採用の非常勤講師は10年上限で雇い止め	5年で 無期転 換	5年で 無期転 換	2017年3月以前に雇用された者は2013年4月から起算して5年たてば無期転換可。2017年4月以降に新採用された場合は5年上限

H 大学 (21,年)(私立)	I 大学 (私立)	J 大学 (国立)	E 大学 (国立)	K 大学 (公立)
月額 1コマ 特級 28,600円 A 28,000円 B 26,000円 C 25,000円 D 24,200円 (2023年度から 実質一律29,400 円の予定)	月額 1コマ 一律 31,500円	授業 1回あたり 11,784円	経験年数 22年以上 1時間 5,800円 22年未満 1時間 5,100円	教授級 1時間 5,390円 准教授 ・講師 助教級 1時間 4,840円 外国人 1時間 5,860円
上限なし	現在はないが、将来は未定	5年が上限。ただし、令和3年末の時点で通算契約期間が5年を超える者については、平成25年4月以降これまでの契約期間を通算して10年が上限	事業年度で契約。3年まで(2年延長可)、大学が認める場合は契約期間を超えて更新可	設けていない
5年で 無期転換	任期法を適用し2013年4月から10年で無期雇用転換可。ただし2018年4月以降に雇用された者を除く	「不更新条項」があるため無期転換できない	2013年3月以前から採用されている者は2018年から無期転換、可。2013年4月以降に採用された者は5年で雇い止め	5年で無期転換

(出所)関西圏大学非常勤講師組合「労働条件アンケート2022年」
*「無期転換の行使」については組合調べによる。

非常勤講師は私学共済など大学の社会保険に加入できない

　ほとんどの非常勤講師は大学が加入している私学共済や厚生年金に加入できない。そのため国民年金や国民健康保険に加入せざるをえない。非常勤講師にとって社会保険料の支払いは大きな負担となっている。しかも国民年金の場合、退職後の年金支給額も少なく、老後の生活も不安である。

　政府は2016年10月に年金法の改正をおこなった。そして週20時間以上働いているパート労働者は職場の社会保険に加入できるようになった。しかし、この週20時間以上という規定が大学の非常勤講師にとって大きな壁になっている。多くの私立大学が加入している「私学共済」の規定では、1つの大学からしか加入できない。1つの大学で週20時間以上働いている非常勤講師はほとんどいない。現在の「私学共済」の規定では週20時間未満の教職員は加入できないことになっている。大学によっては1回の授業を2時間とカウントし、週10コマ以上担当している非常勤講師を私学共済に加入させている大学もある。しかし、多くの大学は1回の授業を90分としており、週20時間を超えるには週14コマ以上担当する必要がある。これでは加入は不可能である。現在の「私学共済」の規定は非常勤講師の加入を実質的に排除している。これらの問題を解決するには、複数の大学の授業時間を合算し20時間以上になる場合はどこかの大学から加入できるようにすべきである。または1コマの授業の労働時間を準備と事後処理分の時間を加え、少なくとも2倍の3時間にカウントすべきである。これだと週7コマで加入できる。

労働契約法18条に基づく無期雇用への転換問題

　2013年4月1日に労働契約法が一部改正され施行された。同法18条で有期雇用者が同一事業者との契約が5年を超えると本人の申し出によ

って無期雇用に転換できることになった。これは大学の非常勤講師にも適用され5年で無期雇用になれる。しかし、翌年の2014年4月に、その「特例」がつくられ「研究開発能力強化法」（現「イノベ法」）と「大学教員任期法」が適用されている非常勤講師は無期転換権を5年から10年に延ばされた。

　表2は、この問題についての関西の各大学の対応である。ほとんどの大学は現在では5年で無期転換できることになっている。例外は雇用期間の上限を5年にしているB大学の「授業担当講師」、G大学の2017年以降に採用された非常勤講師、J大学の非常勤講師、E大学の2013年4月以降に採用された非常勤講師である。あとでも述べるようにこれらは最初から雇用更新の上限を5年や10年にすることで労働契約法19条の契約更新の「期待権」をなくし、同条18条の無期転換逃れをしているのである。

　最近、裁判でも非常勤講師や任期付専任教員に「イノベ法」「任期法」を適用することはできないとして5年での無期転換を認める判決が出てきている。

　2021年12月には、専修大学の非常勤講師が、大学が「イノベ法」を適用して5年で無期雇用になるはずが10年に引き延ばしているのは不当として東京地裁に訴えた。地裁は、非常勤講師に「イノベ法」を適用することは実態的に無理と判断し、5年での無期転換を認める判決を下した。これを不服として大学は東京高裁に控訴したが棄却され非常勤講師の5年での無期雇用が認められた。

　また、羽衣国際大学の期限付き専任教員が3年任期を更新し6年目に入ったので大学に5年での無期雇用への転換の申し入れをおこなった。しかし、大学は、この専任教員は「大学教員任期法」が適用されているので最初の契約後10年までは無期転換できないとして6年目で解雇にした。専任教員はこれについて、5年での無期雇用を認めないで解雇したのは

不当として大阪地裁に訴えた。2021年1月に大阪地裁は大学の専任教員であれば「任期法」が適用されるのは当然として訴えをしりぞけた。専任教員はこの判決は不当として大阪高裁に控訴した。2023年3月に大阪高裁は、この専任教員の労働実態からみて本来研究者に適用される「大学教員任期法」を適用することはできないとして逆転判決を下した。この大阪高裁の判決は有期雇用の専任教員に出した判決ではあるが非常勤講師にも当然、適用されるものである。

　このように最近、出された判決をみても非常勤講師に「イノベ法」や「任期法」を適用して、労働契約法18条の「特例」を使って無期転換権を5年から10年に引き延ばすことは難しくなっている。

▌大阪大学などの非常勤講師の大量雇止め問題

　他方で大阪大学や東海大学は非常勤講師の無期転換をさせないために大学が独自で5年・10年の雇用更新上限ルールを作り、この一方的なルールによって2023年3月末に非常勤講師を大量に雇止めにした。

　大阪大学は、2013年段階では非常勤講師と労働契約ではなく、業務委託のひとつである「準委任契約」で契約を結んでいた。労働契約でないので本来、労働契約法18条は非常勤講師には適用されない。しかし、大学は適用される可能性があるとして「準委任契約」の上限を5年までと決め、万が一に備えて無期転換逃れをしようとした。さらに2014年4月に労働契約法18条の「特例」ができたため同大学はそれに合わせて契約上限を5年から10年に変更した。

　2022年4月に大阪大学はそれまでの「準委任契約」を労働契約に変更した。これは2021年4月に文部科学省が各大学に対して、非常勤講師を業務委託契約や準委任契約にしているのは学校教育法違反の恐れがあるとの「通知」を出した。これに合わせて大阪大学は準委任契約から労働契約に切り替えた。そして、「非常勤講師就業規則」のなかに労働契約は

5年上限という規則を入れた。さらに2021年3月末の時点で通算契約期間が5年を超える者については2013年4月以降これまでの契約期間を通算して10年が上限という付則を入れた。

5年、10年上限ルールは労働契約法18条の雇用の安定化という趣旨に反すると同時に同19条の次年度契約の期待権もはく奪しており、これらの条文を死文化させるものである。立命館大学でも「授業担当講師」や「常勤講師」などは最初から雇用契約期間を5年上限と決めており例外は認めないと言っている。最初から雇用上限を決めるこのようなやり方に対して、それぞれの大学は「違法」ではないと主張している。「違法」でなければ大学が何でも勝手に決められるものではない。日本の有期雇用法制の「入口規制」の弱点をついたこのようなやり方は最高学府である大学として恥ずかしい限りである。

▎大学非常勤講師のハラスメント問題

最後に大学の非常勤講師問題を考えるうえで欠かせないのはハラスメント問題である。特に女性の非常勤講師への専任教員によるハラスメントは多発しており、組合の労働相談の多くは専任教員によるハラスメント相談である。ここでは最近、組合に相談があったいくつかの具体的事例を紹介する。

神戸市にある大手の私立大学では、毎年のように組合にハラスメント相談が寄せられている。この大学では2005年に語学の専任教員が女性の非常勤講師にセクハラ行為をおこなった。大学は、このセクハラ行為を認め、専任教員に対して非常勤講師に直接個別に会うこと、近づくことを禁止する処分をおこなった。しかし、この専任教員は、その後も他の多くの非常勤講師に対しても暴言を吐き、雇用権限がないにもかかわらず勝手に雇い止め通告や減ゴマをおこなってきた。また、この大学では、別の語学の専任教員も裁量権限を逸脱し、非常勤講師の担当コマ数を自

分勝手に決め、関係が良好な非常勤講師には8〜10コマなど多数担当さ
せ、その専任教員に意見を言う非常勤講師に対しては正当な理由もなく
減ゴマしたり、雇い止めにしたりしている。その都度、組合は団体交渉
を何度もおこなってきたが、大学は有効な解決策を見いだせないでいる。

　2016年には大阪にある大手の私立大学で専任教員によるハラスメント
についての相談があった。この専任教員は、日頃からその非常勤講師に
対し授業と関係のない私的な用事を言いつけ仕事をさせてきた。非常勤
講師は、このことに疑問を持ち、言われた用事や要望を断った。その直
後に専任教員はその非常勤講師に対してハラスメント行為に及んだ。専
任教員は春季に実施されている学生ガイダンスの中で学生に、その非常
勤講師が担当している授業は不開講になるから取らないよう学生に圧力
をかけた。さらに非常勤講師の授業を受講している学生に対し個別に電
話して授業を取らないよう圧力をかけた。これらのことで非常勤講師の
担当授業を不開講にさせようとしたのである。しかし、これには学生か
ら大学にクレームが寄せられ、組合も団体交渉をおこなった。その結果、
大学も不開講にならないよう対応した。その専任教員がその後、処分さ
れたかどうかは不明である。

　2019年1月には福岡市ある大手の私立大学で専任教員によるハラスメ
ント事件がおこった。その大学では、専任教員が中心となって語学の教
科書作成をすることになったが、作成に協力していた非常勤講師が、作
成の途中で意見が合わなかったため協力を辞退した。すると専任教員は
勝手にその非常勤講師を雇い止めにした。その非常勤講師は大学に無期
雇用転換を申し入れ無期雇用になったため雇い止めは撤回された。しか
し、雇用は継続されたものの専任教員は最小の1コマしか担当させてい
ない。教科書作成に参加しなかった他の2人非常勤講師も同じ1コマに
減ゴマされた。3人と組合は団体交渉をおこなったが、大学は専任教員
をかばうだけで何の対応もとっていない。

これらは最近、非常勤講師組合に相談があった代表的な事例で、専任教員による非常勤講師に対するハラスメントは日常的、潜在的にはかなり行われていると推測される。多くの非常勤講師は泣き寝入りや非常勤講師を辞めざるを得なくさせられている。これらハラスメントが発生する原因は、専任教員の個人的資質に問題があるとはいえ、背景には大学が非常勤講師の雇用主としての管理責任を果たさないで専任教員任せにしているところにある。また、大学が設置しているハラスメント委員会が形骸化しており十分機能していないことも問題である。

▎若手研究者を育てていくためにも待遇改善が必要

『学校基本調査』によれば、修士課程（前期博士課程）を卒業して博士課程（後期博士課程）に進学する大学院生が近年、減少している。20年前の2002年の同調査では修士課程卒業者6万5276人のうち博士課程に進学した者は9,226人いた。つまり、14.1％が進学したことになる。ところが、2022年の同調査では修士課程卒業者は7万1766人と20年前と較べ増えているにもかかわらず博士課程に進学した者は7,109人と大きく減少している。進学率は9.9％に低下している。（後期）博士課程に進学することは、その多くが研究者を目指していると考えられ、研究者を目指す学生・院生が最近、減少してきていることを示している。

近年では、博士課程を卒業しても専任教員になるどころか非常勤講師の仕事すら探すのが難しくなっている。非常勤講師になれたとしても、これまで述べてきたように労働条件は劣悪で生活が苦しい。これでは若い人が研究者を目指すことに躊躇せざるをえない。もちろん若い研究者を育てていくうえで一番よいのは専任教員の採用を増やすことである。しかし、少子化で大学経営が苦しいなかこれを実現するのはなかなか難しい。まずは非常勤講師の待遇を改善して最低生活が成り立つようにすることである。そうしなければ研究者を志望する学生・院生は減り続け、日

本の研究水準のいっそうの低下を招くことになろう。

参考文献

江尻彰「関西圏の大学非常勤講師の現状と組合活動」（JAICOWS『非常勤講師はいま！―コロナ禍をこえて―』所収2021年3月）

江尻彰「大学の非常勤講師　その現状と労働組合運動」（『経済』2021年10月号）

江尻彰「大学非常勤講師の実態と課題」（『教育』2022年3月号）

江尻彰「大学非常勤講師の人権問題」（『人権と部落問題』2022年6月号）

非正規雇用のための雇用マッチング組織の問題性

小宮幸夫　ゆとりある教育を求め
全国の教育条件を調べる会会長

　私が所属しているゆとりある教育を求め全国の教育条件を調べる会（以下、調べる会）は、文部科学省（以下、文科省）に情報公開請求を行い入手した公立義務教育諸学校の学級編制及び教職員定数の標準に関する法律（以下、義教法）の教職員定数関係や、その給与費に係る義務教育費国庫負担金に関する公文書について分析を行い、活動してきた。

　しかし、私は最近になって、教職員定数が大幅に削減される一方で増やされ続けている「補習等のための指導員等派遣事業」（以下、補習等支援事業）に注目するようになった。この制度は、2013年度に新設され、義務教育費国庫負担金の対象ではない教職員を雇用する費用の3分の1を国が負担しているもので、その予算額が年々拡大している。（図表1）

　文科省は、この事業により「多様な支援スタッフが学校の教育活動に参画する取り組みを支援」し、「教師と多様な人材により、学校教育活動の充実と働き方改革を実現」すると説明している。2023年度予算としては、教員業務支援員（55億円、1万2950人）、学習指導員（36億円、1万1000人）、中学校における部活動支援員（14億円、1万2552人）が計上されている。

　教員の業務をサポートする教員業務支援員は、卒業生の保護者などの

図表1　補習等のための指導員等派遣事業予算額

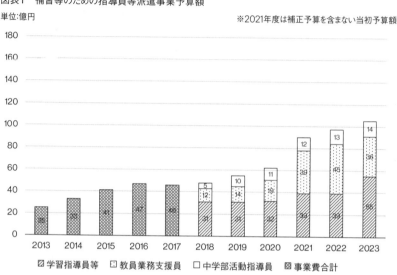

単位:億円　　　　　　　　　　　　　　　　※2021年度は補正予算を含まない当初予算額

文部科学省報道発表資料より作成

地域の人材による、学習プリントや家庭配布資料等の印刷準備・採点業務補助や来客・電話対応、学校行事・式典の準備補助、データ入力・集計や各種資料整理、子どもの健康観察のとりまとめや消毒作業などが想定されている。

　学力向上を目的とした学校教育活動支援を行う学習支援員は、退職教員、教師志望学生、学習塾講師、NPO等教育関係者、地域の人材などによる、児童の学習サポート、学校生活適応支援、進路指導・キャリア教育、教師の指導力向上支援などが想定されている。

　そして、指導する部活動に係る専門的知識・技能を有する人材による部活動支援員は、教師に代わって顧問を担い、指導や大会引率を行うことなどを想定している。

　具体的には、自治体によって、非常勤講師、特別支援教室専門員、事

務支援員、スクール・サポート・スタッフ、英会話学習支援、特別支援補助、生徒の介助員、小一支援員、部活動支援員、スクール・カウンセラー、スクール・ソーシャル・ワーカー、スクール・ロイヤー、日本語指導支援員、ICT支援員、キャリア教育及び国際理解教育の支援員、水泳指導員、理科支援員、学校図書館指導員、校外学習の支援員、感染症対策支援員、看護士などを雇用するための財源として活用されている。

　予算額から、それぞれの人件費単価は、教員業務支援員が年間約120万円、学習指導員が約100万円、部活動支援員が約33万円であることがわかる。いずれも「安上がり」な非常勤スタッフ（会計年度任用など）として雇うことを想定している。

▌東京学校支援機構TEPRO

　これまで、この制度を最も積極的に活用してきたのが東京都だ。2019年度の国の補習等支援予算55億円のうち18億円余（33.6%）、2020年度の予算62億円のうち18億円（29.1%）が東京都に交付された。例えば、学習支援のための「非常勤教員」や学校事務の「共同実施支援職員」の費用をこの予算から貰っている。しかし、最近の2年間はコロナ対策での各種教職員、支援スタッフの確保のために増額され、交付先自治体は偏りなく「平準化」する傾向にある。

　各自治体は、この事業に応募して得た交付金を市区町村に配布して事業を具体化していくが、教職員の手配等、実際の役割を担当するのは市区町村教委や、現場の教頭・副校長である。東京都教育委員会は、この「手配」を支援するとともに、「今後学校を支援する様々な事業を通じて、教員の働き方改革と東京の教育の質の向上を推進」するシステムとして、2019年7月1日、東京都都内の公立学校を多角的に支援する全国初の団体、東京学校支援機構TEPRO（以下、機構）を創設した。（図表2）

　機構の活動内容は、第一に様々な教職員・スタッフのマッチングをす

図表2　東京学校支援機構(TEPRO)サポーターバンク(機構HPより)

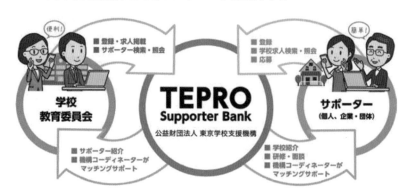

ることである。そのために、サポーター（個人・企業・団体）に学校からの求人情報を紹介するとともに、学校や教育委員会にサポーターからの登録情報を紹介し、それらをマッチングしている。

　ホームページ等には、「登録料や紹介料はかかりません」とあるが、機構に「無料の人材紹介業でも東京労働局に届けるので、その届の公開を」と情報公開を求めると、「有料の人材紹介業」との回答があり申請書類も公開した。東京都が23の公益法人の整理・統合を図る中で新設された公益法人・財団なので、収益を求められて有料の人材紹介業として届けていると考えられる。

　機構の求人内容は、有期労働、パートタイム、有償ボランティア、無償ボランティアで、個人でも団体でもインターネットで登録申し込みが可能である。しかし、ハローワークのように個人・団体が求人票を見るのでなく、学校・教委の求人を機構がマッチングして、登録者に紹介するシステムのようだ。

　つまり、機構は、学校や教育委員会が教育活動の一部を外部委託（アウトソーシング）するために必要となる「外部人材」を調達するしくみと

して、それらを提供する企業や団体とマッチングさせる財団法人として創設されたのである。

　そして、機構は、都内の学校長、副校長、都立の経営支援センターの管理職を対象の専門相談員（弁護士）による「学校法律相談デスク事業」や、海外の学校との交渉・調整を行い希望条件に合う学校とのマッチングを行う「国際交流コンシェルジュ事業」も行っている。これらのことから、機構は、国が想定している補習等支援事業内容より幅広い事業を行っている。

　さらに機構は、事務の集約による効率化も進めている。例えば、今まで6つの学校経営支援センターで集約し契約していた都立学校施設の維持管理や工事を集約して工事業者と契約する事業を行っている。事業計画では、①現在、東京都教育委員会が採用している会計年度任用職員の選考業務の集約・共通化が可能な部分の受託、②集約により効率化できる業務の効果検証とモデル事業として就学支援金事務等の受託、③「（公益財団法人）東京都スポーツ文化事業団」が現在実施している発掘調査・整理調査などの「埋蔵文化財事業」なども実施することが計画されている。

　このように事業内容を拡大し続ける機構は、2022年10月31日に、西新宿の388.41㎡の賃貸フロアから3倍弱の広さの950.98㎡の中野坂上のフロアに3475万円の移転費をかけて移転した。賃料も2,098万円から4,528万円へと増加している。2021年度の決算報告をみると、定期預金を9,000万円、投資有価証券を1億円所有している。理事には教育庁の部長級の役員が出向し、2023年度の事業拡大のために事務契約職員（常勤事務16名、短期事務6名）、技術契約職員3名、常勤嘱託職員（コーディネーター）16名、非常勤職員（事務）3名、非常勤職員（インストラクター）1名、常勤嘱託職員（管理職級）1名を新規募集している。機構は、これからますます都の教育関係の事業を効率的に集約化するとともに民間

委託を進め、その中で収益もあげて行こうとしている。

▌文科省「学校雇用シェアリンク」

2021年1月、文科省は、学校における企業人材受け入れ支援のための「学校雇用シェアリンク」（以下、シェアリンク）を開設し、全国の都道府県教育委員会、指定都市教育委員会、私立学校部局、認定こども園担当部局、国公立大学担当部局、そして厚生労働省医政局社会・援護局に事務連絡[1]を発し、リーフレット等を配布した。（図表3）

事務連絡では、その目的について「新型コロナウィルス感染症の影響により、従業員の雇用維持に苦慮され、雇用シェアを希望される企業と、企業人材の受入れを希望する教育委員会や私立学校、国立学校附属学校

図表3　文科省の学校雇用シェアリンク（文科省HPより）

等をつなげるため」と説明されている。

　シェアリンクに登録し、求人する学校や教育委員会とマッチングが成立すると、企業の従業員の在籍型出向や人材交流といった雇用シェアが可能になる。そのことで、企業側には「学校の助けになれるし、社員のスキルアップにもなる」、学校側には「民間企業の方の経験やスキルが学校の良い刺激に」とメリットが説明されている。求人例としては、①キャリア・アドバイザー、②外国語学習・外国人児童生徒の支援、③授業補助や補修の指導（学習指導員）、④教員の業務支援スクール・サポート・スタッフ）、⑤ビジネス関連授業の講師、⑥学校のICT活用のサポートなどが例示されている。

　また、自治体・教育委員会・学校に対しては、「国の補助金の活用の有無等は一切問わないため、地方公共団体や学校が独自に採用している職種についても登録が可能であり、また、都道府県だけでなく市区町村からも直接ご登録いただけます」とし、「随時採用、急募、年度当初等、採用時期を問わず登録することができます。また、求人情報を登録された場合であっても、各教育委員会・学校における従前の取り組みや採用を妨げるものではありません」とされている。私立学校・園や独立行政法人等の学校も求人情報を登録可能である。

　リーフレットには、「企業には全国のすべての登録された求人情報を送付いたします」とあり、「勤務予定地、募集する職務内容、資格要件、任用される身分、勤務時間、報酬の目安、手当の支給の有無、採用予定時期等について、全国すべての求人情報を、学校雇用シェアリンクに登録された企業担当者のメールアドレス宛に、週に一度、更新情報を送付」すると書かれている。その情報提供先となる「企業からの登録は、業種もエリアも様々で、旅行業、宿泊業、製造業、教育産業、スポーツクラブ、運輸業等からの登録が多い状況です」とされている。

　さらに、その資格については、「教員免許状がなければ教員になること

ができませんが、特別非常勤講師制度を活用し、授業の一部を単独で指導することや補助教員として授業のサポートを行うことができます」と書かれている。

このように、文科省は教職員の外部委託化を積極的に推進しようとしている。今後は、シェアリンクを通じて非常勤の教職員・スタッフだけでなく常勤の教員さえも、学校からの求人に応じて教育産業から学校に派遣されてくるという状況が生まれる可能性がある。

■「学校・子供応援サポーター人材バンク」

文部科学省は、シェアリンクと同時に、「学校・子供応援サポーター人材バンク」（以下、人材バンク）リーフレットも全国に配布した。これは、「学校現場の助けになりたいとお考えの方」に対し、「今、学校は子供たちの学習指導や心のケア、感染症対策など、多くのサポートを必要としていますが、人材が不足しています」と訴え、人材バンクへの登録を呼びかけるものである。

登録すると、文科省が教育委員会へ登録者情報を共有→教育委員会が登録者の採用可否を検討→教育委員会が登録者に具体的な条件を確認→勤務開始、学校現場をサポートとなる。対象については、「学校退職教員、教師志望の学生、学習塾講師、大学生など、教育関係者の方はもちろん、教育に携わったことのない方でも登録いただけます」とし、「教育関係者には、子供の学習支援や子供の個別の学習サポート」「ICTが得意な方は、学校と家庭をICT等でつなぐサポート」「そのほか、簡単な事務作業、感染症のための校舎内の消毒等のサポート」などの例を挙げている。つまり、シェアリンクが企業とのマッチングであるのに対し、人材バンクは「学校現場の助けになりたいとお考えの方」個人とのマッチングである。

▌これが文科省初等中等局財務課の仕事？

　文科省のシェアリンクと人材バンクは、先に述べた補習等支援事業推進のための仕組みであり、先行して創られた東京都の機構を参考にしたものであるが、私は、この二つの事業を管轄しているのが文科省の初等中等局の財務課であることに驚きを感じた。なぜなら、この課は、義教法で初等中等教育の学校の正規職員の定数を決め、自治体に差配している部局だからだ。

　今、教育委員会、学校現場に教員不足で相当の苦労があることは認識している。しかし、文科省には非正規教職員を安上がりに都合よく調達するような仕組みによって教員不足を解決しようとするのではなく、正規教職員定数を確保する仕事に努力をしていただきたいものだ。

　シェアリンク、人材バンクのリーフレットにおいて、文科省は「具体的なマッチングを行うことはありません」と述べ、「学校側と企業側の人事担当者同士で協議」するとしている。しかし、「求人情報を（企業に）送付します」とあるので、これは明らかに「人材紹介業」である。にもかかわらず、シェアリンクを管轄する文科省初等中等局財務課は、労働局に有料・無料紹介業の申請をしていないことが判明した。東京都の機構のように申請し「有料紹介業」の「管理団体」とならない限り事業を展開するのは無理で、法的にも問題があると思われる。このようなことに無自覚な文科省の見識のなさに驚かされる。

　また、文科省のホームページには、人材バンクに類する全国の自治体の組織一覧が掲載されているが、ほとんどの府県市の組織が対象としているのは、非常勤講師、臨時的任用教員で、せいぜいスクール・サポート・スタッフまでである。補習等支援事業で非正規教職員ための費用を配り、募集の方法を示しても、道府県、政令指定都市、市区町村には使い勝手が悪いようで全国にほとんど浸透できていないようだ。東京の機

構のような組織は、地方の自治体には創り得ないのだろう。

　したがって、このような事業を文科省の一部課の財務課が全国的に展開することには限界があり、今後は「人材紹介業」の民間委託に向かう可能性も考えられる。

▌民間委託の動き

　文科省や自治体が、教育活動や教職員の一部を外部委託し、市場開放しようとしている中で、「外部」の側の動きが活発になりつつある。その一例として、「freedu」という企業を紹介したい。

　「freedu」は、元小学校教員が立ち上げた企業で「公立小中学校での慢性的な教員・人材不足を解消するため、教員と公立学校を繋げるマッチングを定着」させようとしている。「フリーランス教師という働き方を通して、日本の教育を変えたい」との代表の言葉が紹介され、「人を探している学校と、学校で働きたい人を繋ぐサービス」を「今年度はサービス開始直後ということもあり、無料でサービスを展開しています」と説明されている。現在無料登録が可能なのは、複数のスポンサーリンクを持っていることが関係していると思われる。

　サイトの「働く学校を探す」というボタンをクリックすると「文部科学省『学校雇用シェアリンク』に登録」となっており、文科省の事業としっかりリンクしている。そして、「横浜市小学校非常勤講師募集（サポート非常勤）」などと求人情報が紹介されており、他にも神奈川県、大阪市、東京都、埼玉県の臨時的任用職員、非常勤講師の求人情報も紹介されていた。こうした動きからは、教職員を民間教育企業から派遣される人材に頼る時代の一歩手前まで来ているということを感じざるを得ない。

　サイトには、さらにこう書かれている。「どの自治体、学校も講師を探すのに苦慮しています。通常の定員も割っている状態で、追加で講師を募集しても、集まらないのは当然です。freeduにも『非常勤できる人い

ませんか』という問い合わせが、多くの学校の校長・副校長から来ています。人材が足りない学校の講師捜し代行をfreeduはしています」

　もうひとつ紹介したいのは認定NPO法人「Teach For Japan」（以下、TFJ）である。TFJのサイトには「Teach For Americaから始まった教育改革の取り組みは、イギリスのTeach First、日本のTeach For Japanなど、世界60カ国以上に展開する『Teach For All』という世界規模のネットワークによって繋がっています」と説明されている。「法人パートナー」と呼ばれるスポンサーが、三菱UFJフィナンシャルグループやDHLというアメリカの流通会社をはじめ10社で構成されており、活動資金の半分以上はそれらの企業からの寄附で行われている。

　活動内容の説明としては、「私たちは、教育をより良くしたいと考える多様な人材を、教員免許の有無に関わらず選考し、これからの時代を見据えた教師としての資質・能力を、研修を通して育みます。そして、自治体との連携により、様々な教員免許状を活用し、2年間「教室」に送り出します」（傍点引用者）とある。所在地のある東京の労働局に問い合わせると、「TFJは労働者派遣事業ではない」とのことだった。

　自治体も受け入れに積極的なようだ。「自治体パートナー」には、大分、熊本、福岡、広島の各県と、飯塚、和泉、大牟田、加賀、鎌倉、嘉麻、久留米、志木、田川、天理、大和郡山、直方の各市、東京港区、川崎町、益城町、球磨町などが名前を連ねている。

　サイトにはこう書かれている。「年齢も、職歴も、教員免許の有無も問いません。まずは気軽に、プレエントリーしてみてください」「応募時点で教員免許を有していない方は、連携している自治体が発行する臨時免許状や特別免許状を活用します」「教師を志す思いに年齢は関係なく、自治体も年齢制限を廃止する方向で進んでいます」「採用試験受験者・現役教員も、フェローになれる」。

　自治体にとっては、TFJが「教員の研修」もやってくれて、2年間の

期限付きで採用できる点で「利便性」があるのだろうが、教員免許ももたない「派遣者」を教員枠で学校現場に迎え入れるというのは、教育行政として安易過ぎないだろうか。そして、TFJの「フェロー」とは研究員といった意味であるが、フェロー本人にとって「研修」「経験」「社会活動」のつもりであっても、公教育を担う教員としての自覚を持ち、また教育労働者として適正に処遇されることが不可欠だと考える。

▌本当にこれでいいのか？

　本稿で取り上げた機構、シェアリンク、人材バンク、freedu、Teach For Japanなどにより雇用される教職員は、会計年度任用職員も含め、有償、無償ボランティア、派遣社員、有資格者、無資格者、個人事業主、ギグワーカー等、様々な雇用形態が想定される。これらの方々が教育労働者としての適正な待遇を保障されているのか疑問である。これらの組織によりマッチングされ雇用される教職員の待遇、境遇がきちんと権利保障されることが必要だ。

　教員の外部委託化や派遣労働者化は、すでに民間の保育・教育現場で進められている。特に、保育園はコロナ禍で「保育士」の確保に苦労しているようで、人材紹介業社に50万円を払って雇入れたが、辞められてしまったという事例が報道されていた（NHK「紹介手数料が経営に影響：人員確保に苦しむ保育園・幼稚園の実態」2022年8月25日）。私立学校・園では専任の教員、講師の確保も人材紹介業社により確保することが常態化している。

　深刻化する学校の「教員不足」のために学校や教育委員会が苦労しているのは確かだが、外部委託化や民営化によって非正規教職員が補充されて、それが「ありがたい」「助かった」で本当にいいのだろうかと思う。補習等派遣事業や東京都の機構、文科省のシェアリンク、人材バンクのような試みでは、処遇・待遇が不安定な非正規の教職員が増えるばかり

だ。それでは、問題の真の解決にはならず、決して「教育の人的環境」改善にはつながらない。

　また、学校現場では、不見識な管理職が、教職員の評価権・任免の具申権を振り回し「いくらでも替えの職員はいるんだよ」といった言葉を初任間もない教職員や非正規教職員の方に投げかける事例がみられる。正規教職員の多くは、非正規教職員の待遇に関する理解がとても薄いように感じる。こうした感覚や認識では、配置された非正規教員を、ただ「人材が補充できた」としか思えず、自分たちを含めた教職員の身分保障や教職の専門性が掘り崩されていることに気づくことができないのではないか。

　そして、教育活動や教員派遣を民間教育企業などに市場開放して外部委託を進めることは、公教育の質を低下させてしまうことにつながるのではないかと強く危惧する。安上がりで都合の良い非正規教職員への依存、ボランティアや民間企業への外部委託という安易な道ではなく、学校現場に正規教職員を増やすことが、子どもたちの豊かな学習権を保障する正道だと考える。

---

1 —— 文部科学省「学校における企業人材受け入れ支援のための『学校雇用シェアリング』の開設について」(2021.1.8)，https://www.mext.go.jp/content/20210112-mxt_zaimu-000006800_1.pdf

教員不足・非正規化と教育の未来

非正規教員とは?
どのように
増えているのか?

山﨑洋介　ゆとりある教育を求め
全国の教育条件を調べる会

　教員の労働条件は子どもの教育条件であり、教育基本法9条2項に「身分は尊重され、待遇の適正が期せられ」なければならないと規定される。にもかかわらず拡大する教員の非正規化は、教育活動に猶与できない深刻な影響を与えている。しかし、これまでこの問題には、社会的関心があまり向けられてこなかった。教育学の対象としても先行研究が少なく、問題解決のための十分な成果を上げているとは言い難い。そして、非正規依存の政策が進められた結果、教員供給を不安定化させて教員不足・未配置を引き起こしている。

　本稿は、公立小中学校県費負担非正規教員を任用実態に基づいて整理し法制度的な類型化を行うとともに、その増え方の傾向について分析を行うことで問題の解決と研究の進展に寄与することを目的とする。

　県費負担教員とは、都道府県・政令指定都市が給与費を負担し、義務教育費国庫負担金の対象となる教員のことである。分析の対象を公立小中学校の県費負担教員のみに限定するため、(政令指定都市以外の) 市町村費負担教員、特別支援学校や高等学校、私立学校などの教員は分析対象外となる。しかし、対象外となる諸学校や教員の方が高い非正規率を示しており、以下の考察は非正規教員の一部についての考察にすぎない。

「非正規教員問題」とは何か?

▌任用における法制度的矛盾と混乱

　「非正規教員」といっても多種多様な職種が存在する。その上、行政・実務上の名称・通称が多様であり、認識の共有や比較を妨げている。それは、非正規任用に関する法制度的規定があいまいなまま各自治体・学校において多様な解釈や運用が重ねられ、非正規任用が多様化、複雑化したからである。

　そのため、非正規教員の問題は、定義さえ不明確なまま、ローカルな経験とイメージで語られてきた。本稿においては、「非正規」を「任期の定めのない無期任用（＝正規）ではない有期任用」と定義し、任期の定めのある任用全般について「非正規任用」の用語を使用する。

　地方公務員法（以下、地公法）、地方自治法（以下、自治法）は、任期の定めのない常勤職の正規職員配置を基本としており、非正規での任用については限定的なケース（後述）を想定している。そのため、いわば「例外」である非正規任用についての詳細な規定が存在せず、解釈と運用においては法的混乱も引き起こしてきた。地公法が原則禁止する有期任用の連続を任用「空白」期間を設けることで可能にする運用や非常勤職への手当支給の是非をめぐっては、労働争議や提訴、裁判も行われてきた。

　また、非正規任用の公務員は、正規任用の公務員には適用される保護が十分に受けられない。一方で、公務員は民間労働者の雇用契約関係とは違った行政機関の優越的地位に基づく一方的行政行為とも解釈される「任用」関係であるため、民間労働者なら受けられる労働法上の保護が受けられない。例えば、契約期間が通算５年を超えた労働者が「申込み」をした場合、無期雇用への転換が成立することが規定されている労働契

約法や短時間労働者及び有期雇用労働者の雇用管理の改善等に関する法律などが適用外となる。

　さらに、常勤職の教員は公立の義務教育諸学校等の教育職員の給与等に関する特別措置法（以下、給特法）により時間外勤務手当が支給されないことや、非常勤講師の報酬が「勤務時間給」ではなく「授業コマ給」として支払われる慣行（後述）の定着など、教育労働者特有の法的問題も非正規教員に不利に作用している。いわば、非正規教員は労働者を守る法の谷間に置かれ、放置されてきたと言える。

▌2017年法改正と「職」の整理

　こうした法的混乱と矛盾の解決を目指し、新たに会計年度任用職員制度を導入するため、2017年に地公法、自治法の改正が行われた（2020年度施行）。その際、総務省は法改正にかかる「会計年度任用職員制度導入等に向けた事務処理マニュアル」（2018年第2版。以下、マニュアル）を発表し、公務員職に関する一定の「職」の整理を行った。

　マニュアルは、職を区分する要件として①「従事する業務の性質に関する要件（相当の期間任用される職員を就けるべき職であること）」と、②「勤務時間に関する要件（フルタイム勤務とすべき標準的な業務の量がある職であること）」を設定した。そのいずれの区分要件も満たす職を「常時勤務を要する職を占める職員（常勤の職員）」とし、任期の定めのない常勤（正規）、任期付採用、再任用フルタイム、臨時的任用の任用形態をこれに分類した。

　そして、二つの区分要件のいずれかあるいは両方を満たさない職を「非常勤の職」として、「短時間勤務の職」と「会計年度任用の職」に区分した。このうち、上記の区分要件①を満たし区分要件②を満たさない短時間勤務の職として、任期付短時間勤務、再任用短時間勤務をこれに分類した。そして、会計年度任用の職を、さらに標準的な業務の量により「フ

図表1　総務省による職の区分要件と分類　　　　　　　　　　　　　出典:筆者作成

区分要件	
①	（従事する業務の性質に関する要件） 相当の期間任用される職員を就けるべき職であること
②	（勤務時間に関する要件） フルタイム勤務とすべき標準的な業務の量がある職であること

業務の性質と勤務時間			満たす要件		任用形態	
常時勤務を要する職を占める職員 （常勤の職）			①の要件	○	無期常勤（正規） 臨時的任用	本稿で非正規と考える職
			②の要件	○	任期付採用 再任用フルタイム	
非常勤 の職	短時間勤務の職		①の要件	○	任期付短時間勤務 再任用短時間勤務	
			②の要件	×		
	会計年度 任用の職	フルタイム	①の要件	×	フルタイムの 会計年度任用	
			②の要件	○		
		パートタイム	①の要件	×	パートタイムの 会計年度任用	
			②の要件	×		

ルタイム」と「パートタイム」に区別し、区分要件②を満たし区分要件
①を満たさないフルタイムの会計年度任用と、区分要件①②のいずれの
要件も満たさないパートタイムの会計年度任用に分類した。

　以上のことをまとめたのが図表1である。

　マニュアルは、区分要件①「従事する業務の性質に関する要件」の「相
当の期間任用される職員を就けるべき業務」について、業務の性質に係
る基準を明示せず、各地方公共団体による個別具体的なケースに即した
判断に委ねている。

　また、区分要件②「勤務時間に関する要件（フルタイム勤務とすべき標準
的な業務の量がある職であること）」について、フルタイムを「一週間当た
りの通常の勤務時間が常時勤務を要する職を占める職員の一週間当たり

の通常の勤務時間と同一の時間である場合」、パートタイムを「一週間当たりの通常の勤務時間が常時勤務を要する職を占める職員の一週間当たりの通常の勤務時間に比し短い時間である場合」と分類している。国会答弁では、フルタイムよりも1分でも短い場合はパートタイムに分類されると説明された（2017年5月9日衆議院総務委員会）。

　こうした常勤と非常勤の分類、フルタイムとパートタイムの分類は、従来の説明や判例と矛盾し、常勤職やフルタイム職の範囲を狭めて非正規公務員の不利となる解釈であると指摘されている[1]。

法改正後の非正規教員

　解釈が混乱していた常勤職の非正規教員の任用根拠について、マニュアルはフルタイムの会計年度任用ではなく従来通り臨時的任用（地公法22条の3）と整理した。そのため、4月の始業時から教員標準定数内の「正規教員の臨時」として臨時的任用を充てる「脱法的」な教員配置の現状を追認することになった。

　同じく法的解釈に混乱のあった「非常勤講師」の任用根拠法については、パートタイムの会計年度任用（同法22条の2）と整理した。しかし新設されたパートタイムの会計年度任用には生活給としての給料・手当を支給するのではなく、従前どおり生活保障的な要素を含まない少額の報酬と費用弁償を支給する規定（自治法203条の2）が維持され、大幅な待遇改善にはつながっていない。法改正により新たに期末手当を支給することも可能とされたが、マニュアルの「週2日に見合う勤務時間未満では、本格的な職務に従事するとは言いがたい」の解説を根拠に、週当り15時間30分以上勤務を支給要件としている自治体が多い。

　一方、任用に「空白期間」を設けることで連続任用する運用の問題については、「適正化」を指示するマニュアルの解説によって改善が図られた。このことで、期末勤勉手当の減額や社会保険組合員資格喪失などの

不利益の是正が進んでいる。

　こうして法改正と「職」の整理により法的混乱は一定解決され、若干の待遇改善がもたらされたが、「その職務と責任に応ずるものでなければならない」（地公法24条）はずの職員の給与に関しては、正規と非正規の給与表「級」格差や「号給」上限（昇給頭打ち）を残す自治体も多い。当初、政府方針とされていた「同一労働同一賃金」実現は不充分で、むしろ、「例外」のはずであった非正規職員を非正規のまま恒常的、本格的、常用的な業務に充て連続任用することを合法化するものとなった。そして、非正規職員が労働者を守る法の谷間に置かれる状況にも大きな変化は見られない。

▎非正規教員の法制度的分類

　2017年地公法・自治法改正と総務省マニュアルによる「職」の整理後の状況の変化を踏まえ、実態に即して公立小中学校県費負担非正規教員の法的類型化を試みた分類が図表2である。

　この分類の特徴は、「講師」や「助教諭」などの職名ではなく、任用目的とその根拠法、採用形態とその根拠法によって区別したことである。複雑で多様化している非正規任用の教員を法制度的に類型化することは、その実態を正確に把握して分析し、待遇の改善や正規化を図る上で意義がある。

　また、この分類では文科省が正規として処遇している再任用フルタイムも、有期任用と解釈して非正規任用に含めた。定年退職後の選考による１年以内の任期を定めた再任用は、任期を定めない正規任用の延長とは言えず、非正規任用と解釈することが適当であると判断した。

　しかし、この類型化によっても、すべての非正規任用を合理的に解釈し、分類できるわけではない。たとえば病気休暇・休職者の代替教員などに関しては、表中に分類できていない（後述）。

図表2　公立小中学校県費負担非正規教職員の法的類型

職	分　類	任用目的	任用目的の根拠法
常勤	臨時的任用	常時勤務を要する職に欠員を生じた場合①緊急のとき②臨時の職に関するとき③採用候補者名簿がないときに臨時的任用	地公法22条の3
	産休代替	出産教職員の産前産後休業期間中の当該学校職務補助	女子教職員出産補助確保法3条
	育休代替	育児休業教職員の業務の処理	地公育児休業法2,3,6条
	配偶者同行休業代替	海外勤務の配偶者に同行するための配偶者同行休業者の業務の処理	地公法26条の6
	再任用フルタイム	年金制度改定により定年退職者の希望者を再任用	地公法28条の4
非常勤	再任用短時間勤務	年金制度改定により定年退職者の希望者を再任用	地公法28条の5
	任期付短時間勤務	一定期間内に終了見込みの業務、育児短時間勤務者等が勤務しない時間の業務の処理	地公任期付職員採用法5条地公育児休業法18条1項1号等
	非常勤講師	担当の時間だけ勤務する非常勤の講師	学校教育法施行規則64条

※表中の法律の正式名称
地公法：地方公務員法／女子教職員出産補助確保法：女子教職員の出産に際しての補助教職員の確保に関する法律／地公育児休業法：地方公務員の育児休業等に関する法律／地公任期付職員採用法：地方公共団体の一般

出典:筆者作成

採用形態	任　　期	採用形態の根拠法
①緊急のとき③採用候補者名簿がないときは条例定数内②臨時の職に関する場合（1年以内廃止予想の場合）は条例定数外※正式採用に優先権なし	6ヶ月以内で更新1回のみ可	地公法22条の3
臨時的任用②臨時の職に関する場合（1年以内廃止予想の場合）	原則代替される者の出産予定日の6週間前から産後8週間または休業開始から14週（多胎妊娠など例外あり）のいずれかの期間	地公法22条の3
臨時的任用②臨時の職に関する場合（1年以内廃止予想の場合）	休業者の請求期間を限度（6ヶ月以内で更新1回のみ任用可）	地公法22条の3
選考により任期付採用	休業者の請求期間を限度（当該子が3歳に達する日まで請求可能）	地公任期付職員採用法3,4条
臨時的任用②臨時の職に関する場合（1年以内廃止予想の場合）	休業者の請求期間を限度（6ヶ月以内で更新1回のみ任用可）	地公法22条の3
選考により任期付採用	休業者の請求期間を限度（3年以内請求可能）	地公任期付職員採用法3,4条
選考により常勤者として再任用（条例定数内）	1年以内（年金満額支給年齢に達する年度末まで任用し、1年以内で更新可）	地公法28条の4
選考により短時間勤務者として再任用	1年以内（年金満額支給年齢に達する年度末まで任用し、1年以内で更新可）	地公法28条の5
任期付短時間勤務競争試験または選考により採用	3年（特に必要な場合5年）以内。短時間勤務者の請求期間を限度（育児短時間勤務の場合、1月以上1年以下の期間請求可能で小学校就学始期まで期間延長可能）	地公任期付職員採用法5,6条
会計年度任用パートタイム競争試験または選考により採用	1会計年度以内	地公法22条の21項1号,2〜7項

職の任期付職員の採用に関する法律
※条例定数とは、都道府県条例で定める県費負担教職員定数（地方教育行政の組織及び運営に関する法律41条）

非正規教員はどのように増えているか

　次に、非正規教員増加の動向について分析する。文部科学省（以下、文科省）や自治体による詳細な調査が行われていないため、文科省への情報公開請求により入手した「教職員実数調」によって非正規教員数を調査した。ただし、パートタイムの教員（非常勤講師、再任用短時間勤務、任期付採用短時間勤務）については、実人数ではなく「換算数」で計算した。換算数とは、パートタイムの総勤務時間をフルタイム1人分の勤務時間（週40時間）で除して求めた人数（理論値）である。

　図表3は、図表2の分類をもとに小中学校の教職員実数調の非正規教員数と率を経年のグラフにしたものである。

　少子化により教員定数全体が「自然減」となる中、非正規教員数は、2007年の6万3949人から2021年には11万6833人へと約1.8倍に増えている。非正規教員率も増加傾向で、政策的非正規率は2007年度の7.3％から2021年度の13.9％に6.6ポイント増えている。

　なお、「政策的非正規率」とは、産・育休代替を除いた人数で計算した非正規教員率である。教員の年齢構成には地域差があり若返りの進行度も違うことから、非正規任用の割合を自治体間や経年で比較分析するときには、産・育休代替を除く補正が必要となる。「政策的」の用語は、本来なら正規任用すべき教員を自治体が意図的、政策的に非正規任用しているという意味で使用している。

　図表4は、2021年度の67地域（47都道府県＋20政令指定都市）の公立小中学校県費負担教員の政策的非正規率を降順に並べ比較したグラフである。グラフ中の「　」つきの都道府県名表記は、「政令市以外の自治体」を意味し、例えば「北海道」は「札幌市以外の北海道自治体」を表す。

　67地域の政策的非正規率の平均値は14.2％で、中央値は13.9％であ

図表3　公立小中学校県費負担非正規教職員数と率（2007〜2021）

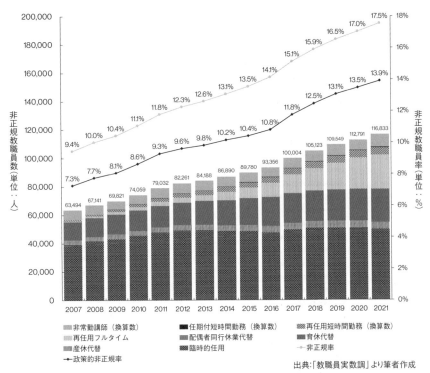

■非常勤講師（換算数）　　■任期付短時間勤務（換算数）　　▨再任用短時間勤務（換算数）
▨再任用フルタイム　　■配偶者同行休業代替　　■育休代替
▨産休代替　　■臨時的任用　　-■- 非正規率
-◆- 政策的非正規率

出典：「教職員実数調」より筆者作成

る。最高値の堺市（20.9％）から最低値の「北海道」（6.9％）まで大きな差が見られ、分散度合いを表す標準偏差は3.3となっている。

教員の非正規化の特徴

　非正規教員の法制度的類型化とその人数の経年変化の調査結果から教員の非正規化動向には、以下の4つの特徴が見られる。

図表4　2021公立小中学校県費負担教職員政策的非正規率

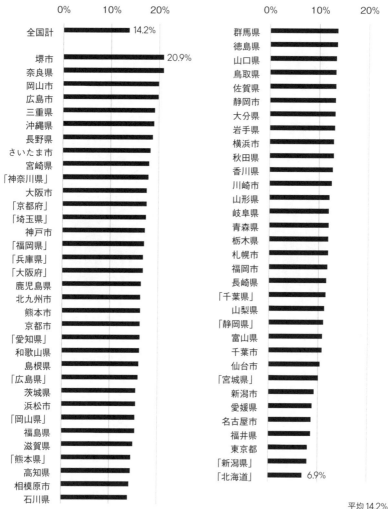

政策的非正規教職員率＝(非正規教職員数－産・育休代替教職員)÷全教職員数
※年齢構成が若年化するほど産・育休者が増えるため、都道府県比較をする際には産・
育休代替教職員数を除いた政策的非正規率で計算している。

平均 14.2%
中央値 13.9%
標準偏差 3.3

出典:「教職員実数調」
より筆者作成

正規の非正規化

　非正規教員の中で一番多い任用形態は、臨時的任用（産・育休、配偶者同行休業代替以外）で、2007年度の3万9345人から2021年には4万9813人へと約1.3倍に増えている。

　地公法は、恒常的で本格的な業務は常勤で任期の定めのない正規職員を就けることを予定しており、臨時的な任用が許される条件として、①緊急のとき、②臨時の職に関するとき、③任用候補者名簿がないときの3つに限定し、しかも任用は6ヶ月までで1回のみ更新可としている。しかし、実際には多くの自治体が、正規とほぼ同様の仕事をさせて任用期間が終了すれば雇止めしやすい都合のよい教員として、臨時的任用を長年にわたり継続する運用を多用し続けている。

　このような「脱法的」な臨時的任用が多用されてきた最大の理由は、自治体の教員給与費負担の抑制・削減にある。筆者が2012年度の大阪府の給料表により、大卒22歳から正規教諭として60歳定年まで働いた場合と、臨時的任用で60歳まで連続任用されて働いた場合の給料月額の合計試算を比較してみたところ、格差は総額約3,150万円となった。この試算が期末勤勉手当や退職手当などを含まず、正規教員が昇格して昇給する可能性や、臨時的任用が切れずに毎年任用され続ける保証がないことなどを考慮すれば、実際の生涯賃金格差はさらに大きなものとなる（勤務評価による昇給、職階による昇給などの導入により現在はこのような単純な比較が不可能となっている）。正規任用すべき教員を臨時的任用し続ければ、自治体はかなりの給与費負担を抑制、削減することができるのだ。

　また、臨時的任用は、少人数学級制実施や様々な教育ニーズへの対応のためにも増やされている。県費負担教員定数のうち、特別な教育ニーズへの対応として文科省により配当される加配定数は、年度ごとの財政折衝で予算総枠が決まる単年度措置であるため、配当を受けた自治体は

有期の臨時的任用を充てることが多い。また、自治体独自の教育施策は単年度事業として実施されるため、増やされる常勤職の教員はほとんどが臨時的任用である。

　さらに、多くの自治体は少子化進行による将来の教員定数減で教員が余剰となることを見越し正規採用数を控えており、「雇用の調整弁」として雇止めしやすい臨時的任用を多用している。その結果、教員定数内欠員補充の臨時的任用が増えている。

　こうした臨時的任用多用の結果、地域により「常勤講師」「臨時講師」「臨時的任用教員」「6・6講師」など様々な名称で呼ばれる臨時的任用教員が学校の中で一定の割合を占めている。臨時的任用教員は、学級担任や部活動顧問などの重要な校務も担当し、正規教員とほぼ同じ職務を担うことが常態化し、「正規の非正規化」が進んでいる。

▎常勤の非常勤化

　非常勤職の非常勤講師や短時間勤務も増えている。非常勤講師（換算数）は2007年の6,845人から2021年には9,015人（約1.3倍）へ増え、再任用短時間（換算数）は2007年の672人から2021年には5,110人（約7.6倍）へ、任期付採用短時間勤務（換算数）は2009年の125人から2021年には460人（約3.7倍）へ増えている。

　非常勤職の増加には、義務教育費国庫負担制度の改正が深く関わっている。2001年の公立義務教育諸学校の学級編制及び教員定数の標準に関する法律（以下、義務標準法）17条改正により、短時間勤務者非常勤講師が国庫負担対象の定数として換算可能とされた。これにより、常勤職教員定数1人分の給与費で数人の非常勤職教員を任用する「定数崩し」と呼ばれる運用が法認された。2004年度には給与水準が各自治体の条例で決定されることとなり、同時に自治体が文科省の定める給与基準よりも引き下げた給与費の差分で教員をより多く任用しても、国庫負担の限

度として国が算定した総額の範囲であれば国庫負担可能となる総額裁量制が導入された。これらの法制度改正は、「定数崩し」による非常勤任用多用の誘因となった。

　図表5は、非常勤教員（非常勤講師、再任用短時間勤務教員、任期付短時間勤務教員）の換算数と、常勤教員率（常勤教員実数÷教員標準定数）のグラフである。

　2007〜2009年度までは常勤教員率が100％を超え、教員標準定数分は常勤教員で充足していたが、非常勤教員数が増え続けて2010年度以降は100％を割り込んで下がり続けている。これは、「定数崩し」により標準定数分を非常勤教員で任用する率が高まっていることを示す。

　図表6は、公立小中学校の非常勤講師の実人数、換算数とその比（換算数÷実人数）のグラフである。

　実人数も換算数も増える傾向であるが、増え方については実人数（約1.5倍）ほど換算数（約1.3倍）が増えておらず、その比が32.5％（2007年度）から28.4％（2021年度）へと低下している。これは、非常勤講師数が増える一方で、一人当たり勤務時間数が細切れになっていることを示している。

　非常勤講師は、教育活動上重要だが「補助」的な活動を担う教員とされる。職務は原則的に授業以外の校務を担当することはなく、教育活動への参加は極めて限定的で諸会議への参加も予定されない場合が多い（ただし、自治体や学園によりルールが異なる）。「報酬」は、２千数百円程度の時給制で支払われるため「時間講師」とも呼ばれる。しかし、教育界では、実際に勤務した時間で支払われる「時間給」ではなく、担当する１授業コマを単位に支払われる「コマ給」の慣行が広く定着し、授業準備やテスト採点・成績処理などに要する業務、授業の間の待機時間などは無給であることが多い（自治体によっては、コマ給にそれらの時間を含む場合もある）。また、非常勤講師は給特法の適用外で時間外勤務手当の支給対

図表5　公立小中学校非常勤教員数と常勤教員率

文科省「教職員実数調査」
「教職員定数算定表」より作成

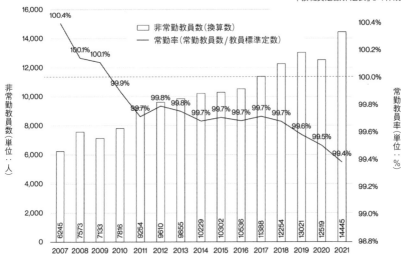

図表6　公立小中学校非常勤講師数と崩し率

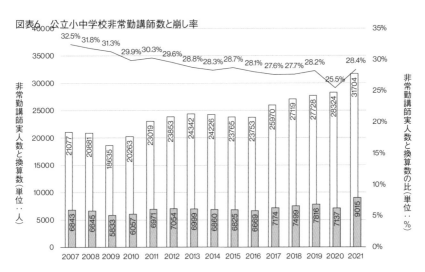

「教職員実数調」より作成

象であるが、勤務時間が適正に管理され手当支給がなされている例はごくわずかである。2017年度の地公法、自治法改正によりパートタイムの会計年度任用となったが、抜本的な待遇改善にはつながっていない。

このように、非常勤講師は臨時的任用よりもはるかに低賃金で待遇が悪く、非常勤講師だけで生活を支えることは困難で、主に退職教員など高齢層の教員が担っている場合が多い（大都市圏では若年者も多い）。

国や自治体にとってみれば、常勤・フルタイムで任用すべき教員を非常勤・パートタイムで任用すれば、さらに大きく教員給与費を抑制、削減することができ「安上がり」である。教員給与費予算が削減される中でも、非常勤講師や非常勤教育スタッフの人件費を国が補助する「補習等のための指導員等派遣事業」などは拡充されている。こうして広がる「常勤の非常勤化」は今後ますます進むことが危惧される。

▌再任用の急増

再任用（フルタイム・短時間勤務）が急増している。再任用フルタイムは、2007年度の767人から2021年度には2万4191人（約31.5倍）へ急増し、再任用短時間勤務（換算数）も672人から5,110人（約7.6倍）へと増えている。

再任用公務員制度は、公的年金制度の改定により2002年度から年金満額支給開始年齢が段階的に65歳に引き上げられたことで、定年退職と年金満額支給開始の時間的ギャップをうめあわせるために、退職した教員や公務員を選考により再任用する制度である。今後は定年年齢が段階的に引き上げられ、定年65歳制となるまで暫定制度として継続の予定である。

フルタイムと短時間勤務があるが、自治体により制度に違いがある。フルタイムは正規職員として処遇され、主任などの役職も担うが、賃金はおおよそ定年退職時の6割程度の水準で、昇給なしの定額である。任期

は1年ごとに更新され、満額年金支給年齢まで更新可とされている。

　教員の年齢構成の若年化や教員不足が進行する中、経験豊かなベテラン教員の定年以降の活躍を期待する現場のニーズもある。しかし一方で、再任用多用や定年延長には、給与費の大幅な引き下げに対する不満と学校現場の高年齢化、新規採用数の抑制などが教育活動全般に悪影響を及ぼすことを危惧する意見もある。

▎代替補充の増加

　女子教職員出産補助教職員確保法による産休代替、地公育児休業法による育休代替、育児休業代替短時間勤務も増えている。産・育休代替を合わせると、2007年度の1万5865人から2021年度の2万8053人へと約1.8倍に増加している。

　比較的数が多かった高齢教員層が退職期を迎え、若年層の教員が増えたことが原因である。その上、産・育休取得者の休業期間長期化の影響も指摘されている[2]。

　代替補充制度の改善と増加は、教員の権利保障制度の整備改善の結果と評価できるが、長時間過密労働や教育困難の中で病気休暇・休職者や年度途中での辞職者も増加しており、それらの代替者となる非正規教員の需要増加と担い手不足に拍車をかける結果となっている。

　なお、国庫負担対象外である病気休暇・休職者等の代替教員については教職員実数調によってその数を把握することができない。その多くは臨時的任用によって代替されていると考えられる。

▎非正規教員問題解決のために

　地方公務員である県費負担教員の非正規任用は、本来、地公法上「例外」とされ法的根拠があいまいで、正確な実態調査も行われないまま給与費負担の抑制、削減をねらう自治体の様々な運用により政策的に多用

されてきた。2017年の会計年度任用職員制度の導入（2020年施行）は、非正規教員の待遇を改善し正規化を進めて問題を解決するどころか、これまでの非正規任用多用を合法化した。そのため、既存の非正規教員が固定化され、さらに増やされることが危惧される。

給与費抑制政策下の「教育改革」実施や定数減を見越した「雇用の調整弁」のために多用される教員の非正規任用は、単に教育労働者としての身分待遇問題だけでなく、教職の専門性否定や未配置問題など、子どもの学習権保障上、見過ごすことはできない重大な問題となっている。

したがって、問題の解決のための研究と取組がいっそう必要とされるが、まずは、実態の正確な把握のための調査が、文科省や自治体によって行われることが必須である。その上で、問題点を整理し、解決のための方法や施策が研究され、実施されるべきである。

その上で早急に、①恒常的な職には安易に有期任用を行えないようにする（入口規制）、②同一価値労働同一賃金が保障されるようにする（内容規制）、③反復継続任用者を簡単に雇止めさせない（出口規制）のための法制度の整備に着手する必要がある。

---

1 ── 上林陽二（2021）『非正規公務員のリアル：欺瞞の会計年度任用職員制度』日本評論社, pp.223-232

2 ── 佐久間亜紀, 島﨑直人（2021）「公立小中学校における教職員未配置の実態とその要因に関する実証的研究：X県の事例分析から」『教育学研究』88巻4号, 日本教育学会, p.35

専門性からみた非正規教員の任用拡大

教職全体の問題としての非正規教員問題

原北祥悟　崇城大学助教

非正規教員問題の語られ方
──非正規教員問題をどのように捉えるか

　本稿は、非正規教員の任用拡大を身分保障の問題としてのみ位置づけるのではなく、専門性の観点を加えることを通じて、非正規教員問題が「非正規」固有の問題にとどまるものではなく、教職全体に及ぶ問題として捉えなおす必要性を提起したい。そのために、まずこれまで非正規教員問題がどのように語られてきたのか今日的な政策動向等の傾向を確認していく。次に、昨今の非正規教員拡大過程の特徴について、専門性を制度的に保証してきた免許制度に焦点を当てながら示す。最後に、身分保障と専門性の架橋を意識しながら非正規教員問題を教職全体の問題として位置づけたい。

　さて、非正規教員の任用をめぐる問題は少しずつではあるが、確実に注目を集めている。本書が刊行されたこともそうだが、教育関係雑誌や新聞報道など各種メディアにおいても取り上げられるようになっている。このような動きとともに、教育行政各主体も非正規教員問題に対して自覚的に問題視しつつある。たとえば、文部科学省はこれまで非正規教員

の任用実態について十分に公表してこなかったが、「『教師不足』に関する実態調査」（2022年1月）において、教員不足という文脈の中ではあるものの非正規教員の任用実態の一端を明らかにした。その他、「今後の教職員定数の在り方等に関する国と地方の協議の場」では第1回（2021年5月17日）と第2回（2021年11月19日）の配付資料の中で、令和2年度及び3年度における「公立小・中学校等の教員定数の標準に占める正規教員の割合」を示した。また、非正規教員割合の上限設定（スタンダード）に関する議論も展開しており、非正規教員の量的な増加への危機感が共有されつつある。なお、今日に至るまで非正規教員にかかる公的な調査がほとんど実施されてこなかったことに鑑みれば、公的調査の実施は非正規教員問題の解決のための大きな一歩と言えよう。ただし、これら公的調査が今後継続的に実施されるかどうか注視しておく必要がある。

　他方、非正規教員問題に焦点を当てた先行研究も断片的ではあるが、少しずつ蓄積されている。非正規教員の身分の不安定性に懸念を示すもの（金子2014）や「非正規の過酷な現状を受け入れようとする」非正規教員のリアルを描いたもの（上原2016）等が挙げられる。これらの研究は、労働条件や労働環境といった、いわゆる非正規教員の身分保障上の問題を指摘していると言える。

　これまで非正規教員という存在自体が政策的にも学術的にも等閑視されてきたことに鑑みれば、非正規教員問題へスポットが当てられ、その量的な増加によって身分保障上の問題が共有されつつあることは肯定的に評価できよう。その一方で、非正規教員問題の真の解決のためには、身分保障という眼差しがもつ限界性にも目を向ける必要があるだろう。例えば、身分保障という眼差しだけで非正規教員問題を捉えようとすれば、非正規教員の身分を不安定にさせる諸要件の分析や批判というベクトルに向かいやすく、（ある意味で当然ではあるが）非正規教員問題を非正規固有の問題としてのみ位置づけてしまう限界を挙げることができる。後述

する通り、今日の非正規教員の任用動向は俯瞰的に見れば、特別免許状・特別非常勤講師制度を積極的に活用するケースや臨時免許状の授与を受けた非正規教員を任用するケースなど免許制度の形骸化とともに深刻化しており、非正規教員拡大の質的な変化が生じつつある。教師としての最低限度の専門性を保証してきた免許制度の形骸化とともに非正規教員の任用が拡大しているとすれば、非正規固有の問題にのみとどめるのではなく、専門性の観点を加えることを通じて教職全体の問題として捉えなおしていかなければならないだろう。

▌非正規教員拡大の今日的特質——免許制度の形骸化の視点から

　非正規教員の量的な拡大状況は今もなお改善していないということにとどまらず、専門性の観点からみれば、その増え方には大きな質的な変化を確認することができる。その変化とは、近年の教員不足に対応するための苦肉の策として、教員免許を有さない者に臨時免許状を授与した上で、臨時的に任用していることである。それは、例えば北海道教育委員会が教員不足への対応の一つとして「中学校の免許所有者に『臨時免許状』を発行して小学校で教えてもらう」よう検討するとの報道（朝日新聞2018年1月17日朝刊北海道総合26面）や、福岡県議会において教育長の「近年、講師数の増加に伴い臨時免許状の授与件数が増加し」ているとの発言（福岡県議会　平成29（2017）年9月定例会（第11日））からも裏付けられる。

　改めて言及するまでもなく、臨時免許状は「普通免許状を有する者を採用することができない場合に限り」授与されるものであり（教育職員免許法第5条）、助教諭の免許状となっている（同法第4条）。「臨時」免許状という名称からも分かる通り、授与に関して抑制的に運用されるものであることから、これまで文部科学省は定期的に臨時免許状の「安易な授与は行わないよう」各都道府県教育委員会に対して依頼をしてきた（た

とえば「教員免許状授与件数等調査及び教員免許制度の適切な運用について（依頼）」令和3年7月14日3教教人第15号）。

　しかしながら、危機的な教員不足への対応の一つとして発出した文部科学省「教師不足に対応するための教員免許状等に係る留意事項について（依頼）」（令和4年4月20日事務連絡）は臨時免許状の運用の在り方を大きく転換するものとなったと言える。ここで注目すべきは「中学校教諭の普通免許状を所持する者に小学校の臨時免許状を授与する」ことを臨時免許状の適切な授与の範疇だと解釈しうる踏み込んだ方針を示した点である。中学校教諭の免許状取得者への小学校の臨時免許状授与という方針は、管見の限りこれまでの通知等にはなかった表現であり、教員不足に対する危機感の自覚として理解できる一方で、（少なくとも小学校における）教員免許制度の形骸化の政策的嚆矢として今後注視していく必要がある。

　先の文部科学省事務連絡からも窺える通り、教員免許の形骸化とともに教員の非正規化が特に進行している校種は小学校である。そこで、小学校における教員免許状授与件数の推移を確認すると表1の通りになる。臨時免許状を授与された教員は「戦前の代用教員に相当し、正規の免許状を持たないという意味で無資格の教員」と表現されており（市川2015）、本来授与の多発は想定されていない、まさに緊急時の免許状である。臨時免許状の授与件数は年度ごとに増加・減少を繰り返しながらも、確実に増加している点が特徴的であり、2012年度には3,000件程度であったが、2020年度には4,000件にも到達しつつあるほど増加していることが分かる。

　その一方で、都道府県別の授与件数内訳を確認すれば、都道府県ごとで大きなばらつきがある（図1）。埼玉県、福岡県、広島県等が多くの臨時免許状の授与を実施している一方で、東京都、大阪府、愛知県等では0件となっている。全国的な教員不足という事態に鑑みれば、0やかな

表1　小学校における教員免許状授与件数の推移

小学校	2012 年度	2013 年度	2014 年度	2015 年度	2016 年度	2017 年度	2018 年度	2019 年度	2020 年度
普通 免許状	28,346	28,307	28,261	28,371	28,648	28,794	28,786	28,333	28,187
特別 免許状	0	0	1	0	0	12	13	16	22
臨時 免許状	3,001	3,230	2,813	2,951	3,130	3,426	3,934	3,870	3,775

り少ない都道府県における教員配置の実態把握は今後の検討課題として
取り組まなければならないが、臨時免許状を授与された多くの者（助教
諭）が臨時的任用教員等の非正規教員として任用されている状況を踏ま
えれば（詳しくは王2022や拙稿2020）、非正規教員問題は身分保障上の問
題にとどまらず、教員不足や専門性をめぐる問題と密接に関連している
という意味で、教職全体の問題として捉えなおしていくことがまずもっ
て重要である。

　さて、文部科学省が公表した「『教師不足』に関する実態調査」（2022
年1月）における「教師不足」は、「臨時的任用教員等の講師の確保がで
きず、実際に学校に配置されている教師の数が、各都道府県・指定都市
等の教育委員会等において学校に配置することとしている教師の数（配
当数）を満たしておらず欠員が生じている状態」と定義されている。こ
の「教師不足」の定義の問題点は、本書の佐久間論文（第1章）にその具
体的な内容が報告されているように、臨時的任用教員をはじめとする非
正規教員が確保されれば統計上、教員不足として認知されないという点
にある。これは自治体による非正規教員の任用拡大を助長するリスクを
内包していると言えよう。そして、何よりも非正規教員の拡大が臨時免

許状の常態化とともに進行していることを踏まえると、「正規」の免許状を有する者の不足は本実態調査で公表された「教師不足」の値よりも深刻であると受け止めておくことが肝要であろう。

　臨時免許状の発行によって教員不足を解消しようと多くの自治体が腐心しているものの、残念ながら教員不足は悪化の一途をたどっている。それに伴い、文部科学省は就職氷河期世代を対象とした教職に関するリカレント教育プログラム事業や小学校教員資格認定試験の見直しを検討・実施している。リカレント教育プログラムは、教員免許状を持つものの教職への道を諦めざるを得なかった者等を対象に学校現場への参入を支援するものである。また、小学校教員資格認定試験の見直しは、小学校教諭二種免許状取得に向けその内容を緩和していくものである。特に、リカレント教育プログラムでは教員不足を解消するために「潜在教員」の確保を目指している。「潜在教員」とは、教員免許は有しているものの、教職への道を諦めざるを得なかったもの等を指し、文科省の推計では約100万人いるとされる。

図1　都道府県別の小学校臨時免許状授与件数（2020年度）

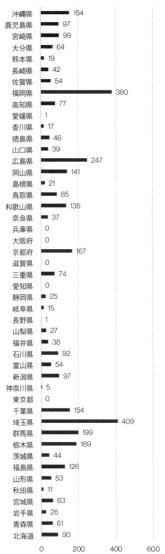

都道府県	件数
沖縄県	154
鹿児島県	97
宮崎県	99
大分県	64
熊本県	19
長崎県	42
佐賀県	54
福岡県	380
高知県	77
愛媛県	1
香川県	17
徳島県	46
山口県	39
広島県	247
岡山県	141
島根県	21
鳥取県	85
和歌山県	135
奈良県	37
兵庫県	0
大阪府	0
京都府	167
滋賀県	0
三重県	74
愛知県	0
静岡県	25
岐阜県	15
長野県	1
山梨県	27
福井県	38
石川県	92
富山県	54
新潟県	97
神奈川県	5
東京都	0
千葉県	154
埼玉県	409
群馬県	199
栃木県	189
茨城県	44
福島県	126
山形県	53
秋田県	11
宮城県	63
岩手県	26
青森県	61
北海道	90

　すなわち、今日における教員確保の方法論として、「大学における教員養成」といういわば正式的なルートとともに、免許制度の緩和・外部人材のリクルートといった非正式なルートの拡大が目されている。教員不足という危機的状況に伴い、臨時免許状の発行状況や外部人材のリクルートが常態化すれば、教員人事制度それ自体が形骸化する恐れがある。換言すれば、適切な「正規」教員の配置のために教員養成（免許）－採用－研修という長期的・計画的な視点に立ち、教員の専門性（資質能力）を向上させ、教育水準の維持向上に貢献するという従来の教員人事システムの崩壊という懸念である。少なくとも、教員養成課程を経ずに臨時「免許状」の授与が正当化されてしまえば、免許制度とともに養成制度の理念的崩壊を惹起するものになるだろう。

▌「外部人材への期待」の制度的萌芽――免許制度の緩和

　既述の通り、教員人事システムは原則として正規教員をその前提に置いてきた。そのために免許状主義を採用し、非正規教員という任用形態は臨時・代替に限るといういわば「例外」として位置づけてきた。この立場に立てば、免許制度の緩和や外部人材をリクルートして非正規任用する考え方は棄却されるか、大きな論争を生むはずである。それにもかかわらず、むしろ外部人材を肯定的に捉える議論がこれまで展開されてきた。そこにはどのような論理が生成されてきたのだろうか。本節以降ではこれまでの筆者の研究を踏まえながら、その過程を素描したい。

　周知の通り、教員は各相当の免許状を有する者でなければならず（教育職員免許法第3条）、これを「（相当）免許状主義」と一般に呼ぶ。しかし、免許状主義には「例外」が準備されている。その代表的な制度が特別非常勤講師制度である。特別非常勤講師制度は、地域の人材や多様な専門分野の社会人を学校現場に迎え入れることにより、学校教育の多様化への対応やその活性化を図ることを主たる目的として1988（昭和63）

年に創設されたものであり、教員免許状は必要ない。特別非常勤講師制度はその名の通り、非常勤講師（非正規教員）である。本来「例外」であるはずの有期任用が制度化された背景には、社会人という外部人材への期待が見え隠れしている。

　端的にその期待を表現すれば、社会人の有する「教師とは異なる専門性」である。いわゆる社会人の活用論は臨時教育審議会「教育改革に関する第2次答申」（1986年4月23日）に具体的に提示された。社会人参入の意義は、基本的には学校の活性化であり、そのためには彼らの参入が欠かせないとする論理である。なぜ社会人の参入によって学校が活性化するのかは十分に検討されているとは言えないものの、一定の正当性を獲得できた理由の一つとして、1989（平成元）年学習指導要領の改訂を挙げることができる。中学校においては「選択教科に充てる授業時数の拡大」、高等学校においては「各学校で独自に学校設定教科・科目を設定可能」が謳われていた。選択学習の幅の拡大に対応できる人材として多彩で専門的な知識や技能を有する社会人が期待されたのである。

　特別非常勤講師の具体的な事例は、外国語として英会話講師や通訳等、家庭科教育として調理師や栄養士などが実績として挙げられている。その他、競技スポーツや伝統工芸といった様々な領域の専門家を任命・雇用しているようだ。特別非常勤講師の届出件数は2020年度で19,257件（小・中・高・特別支援含む）となっており、これまで約2万件前後で推移している。本制度の運用件数が劇的に増えているわけではないが、「教師とは異なる専門性」という論理による免許制度の緩和が一つの風穴のような形で非正規という任用形態を正当化していく。

　今まさに、中教審答申「『令和の日本型学校教育』を担う教師の養成・採用・研修等の在り方について─『新たな教師の学びの姿』の実現と、多様な専門性を有する質の高い教職員集団の形成─」（2022年12月19日）の中で、特別免許状運用の見直しや教員資格認定試験の拡大等、いわば非

正式的なルートのさらなる拡大に踏み切ったところである。定数改善計画の未策定をはじめ正規教員の採用拡大の道筋が不透明な中で、このような非正式的なルートを拡大していく先は一体どこなのだろうか。教職は誰でもできる職業ではないはずである。多様性という一見ポジティブな概念に思考を奪われ、むやみに非正式的なルートを拡大していくのではなく、正系としての教職の専門性・役割を追究し、それに対応した教員資格の正当性を確保していくことが目指すべきベクトルではないだろうか。

教員の非正規化と制度改正——多様性という論理

実はこれまで教員の非正規化を進行させる制度改正の中でも多様性という論理は随所に散りばめられていた。そこで、非正規教員拡大を推進する契機となった教育の地方分権改革という文脈を確認してみる（無論、定数改善計画の未策定など他の要因も存在している）。

1990年代にはいると自治省（総務省）による地方公務員の定員削減の要請の一方で、文部省は「多様な教育実践」を展開するために、自ら非正規教員を増やす政策を選択していく。義務標準法1993年改正において個性に応じた多様な教育実践を行うための教職員配置が目指された。具体的には「チームティーチングなどの新しい指導方法の工夫改善を行うための教職員配置を行うこと」であるが（第126回国会衆議院文教委員会：森山眞弓文部大臣）、現実としてはいわゆる加配措置での定数改善であったため、結果として非正規教員の配置に対するインセンティブを地方自治体に与えることとなったと言える。ここで注目すべきは、これまで社会人を念頭に置きながら非正規教員の任用の可能性が語られていたが、多様な教育実践に関する議論が展開される中で、社会人という枕詞が後景に退き、単なる非正規教員の任用が重要だというニュアンスへと変質していく点である。

　さらにその後、義務標準法2001年改正によっていわゆる「定数崩し」条項が導入された。これは、端的に、常勤の者一人分を分割することで複数の非常勤講師を任用することが国庫負担可能になったものである。先の1993年改正と決定的に異なるのは、常勤の教員で任用すべきポストに非常勤講師で置き換えることを可能にした点であり、非正規教員の任用制度をめぐる大きな転換点に位置づくものであろう（その量的な実態については本書第4章の山﨑論文を参照）。

　また、「定数崩し」条項の導入過程において特徴的な点は、教育行政の側が非常勤講師を任用することの「可能性」を語っていた点にある。その一つは、当時の社会問題としてメディアにも大きく取り上げられていた「学級崩壊」への対応として教員OB（当時の呼称）という熟達された専門性への期待である。すなわち、非常勤講師の任用への批判に対して、教員OBを枕詞に据えることであたかもすべての非常勤講師（の持つ専門性）が可能性に満ち溢れているようなメッセージを展開することで、その任用への批判をかわそうとしたと言える。もう一つとして、社会人活用の際と同様に多様性という論理を持ち出すことで、学習指導要領の改訂の要請（「総合的な学習の時間」の対応をする一翼としての期待）を「定数崩し」導入の根拠として取り上げたのである。学習指導要領の改訂を根拠にして、「多様な学習形態」や「多様な人材」、そして「総合的な学習の時間」における多様性志向に適う人的条件として非常勤講師はその意義が高められ、「多様であること」が媒介になることで非常勤講師の定数活用が受け入れられることとなった。

　以上を小括すれば、多様な人材（社会人の活用等）や多様な教育方法（ティームティーチングや少人数学級等）の実践が教育の質を保証するという論理の主張に伴って、本来「例外」であるはずの非正規教員の任用を正当化したと言える。ここで筆者が重要だと考えていることは、非正規任用という「例外」を解消すべきという議論を立ち上げるためにも、多様な

人材と教職の専門性との関係について今一度立ち止まって追究すべきということである。多様性という論理から非正規教員の任用が正当化されてきた過程に鑑みれば、教職の専門性をどう（再）構築していくかという問いを避けては非正規教員問題の解決には繋がらないだろう。

▎非正規教員の身分保障と専門性——専門性からのアプローチ

さて、これまでの非正規教員問題は主に身分保障上の問題として捉えられてきた。身分保障を問題として提起する理由は、教職員自身の「生活と権利」もさることながら、教師は教育を中心的・具体的に担うがゆえに「自らの地位を含めた諸条件が保障されなければならない」（神田1972）からに尽きるだろう。これは教職の特殊性の一つとして理解すべき事項であり、兼子（1969）も教師の労働条件はその教師の生活条件であると同時に「教育条件」であることを指摘している。つまり、教員にかかる制度原理は身分保障を何よりの前提に置き、それを土台として専門性の向上を目指すべきとする関係でなければならないということが論じられてきた。

しかし、このような身分を保障するという主張が一種の権威主義的なニュアンスを内包するものとして本来の意図とは異なる形で批判されるに伴い、専門職性（professionalism）ではなく専門性（professionality）の内実やその向上に焦点が当てられるようになった。このパラダイムを今津（2017）は「地位」論から「役割・実践」論への移行として整理している（p.46）。「地位」論、いわば教員の身分保障に関する研究の空洞化が、非正規教員をめぐる問題への学問的なアプローチの乏しさへと連なっている。また、教師に求められている資質・能力や必要な研修システムなど多岐にわたって展開されている専門性論も、教師は「正規」で任用されていることが暗黙の了解となっており、非正規教員を対象化できないでいる。これらの研究上の課題・限界について教育学研究として真

摯に受け止める必要があるだろう。今日の非正規教員の拡大状況は、教員の身分保障と専門性の関係が崩れていく象徴であり、改めて両者の架橋を意識した専門職論の構築が求められる。

　最後に、専門性の観点から非正規教員任用の問題を捉えてみたい。既述の通り、教員の専門性をめぐっては様々な議論が展開されてきたが、教員人事制度の観点からいえば、教員の養成（免許）－採用－研修という体系的なシステムに基づき、教師の専門性の向上を図る機会を準備することで、教育の質保証を担保してきた。このシステムは正規で採用した教員を前提としているがゆえに、非正規教員の存在は「例外」として処理するしかない。しかしながら、その「例外」が拡大し、正規教員と同じ職務を担い、学校教育を支える重要なアクターとなっている今、専門性を保障してきた養成（免許）－採用－研修という制度原理は崩壊しつつある。これまでも採用制度・研修制度の対象外（例外）と位置付けられていることへの問題は指摘されてきたものの、これまでの非正規教員の多くは基本的には「正規」の免許状を有していたことが前提視されていた。換言すれば、少なくとも養成（免許）制度を経ていた者が非正規教員として任用されていた。しかしながら、今日的な任用動向から浮かび上がってくるのは、養成（免許）制度すら経ていない者が非正規教員として勤務しているという実態であり、養成（免許）－採用－研修のすべてを十分に満たすことができない事実である。

　非正規教員問題は身分保障の問題でもあり、かつ専門性の問題でもあり、教職という職業全体に及ぶ問題でもある。すなわち、今目の前で起きている事態を労働問題にとどめるのではなく、教職全体の問題として積極的に位置づけていくことが欠かせない基本的視座になるだろう。これまでの非正規教員問題の語られ方は、非正規教員の待遇改善など「非正規であること」が前提に置かれてきたが、正規／非正規という任用形態の関係性だけではなく、教員法制の理念に立ち返りながら教職の役割

を問い、改めて教員人事制度の構造そのものを議論の中核に据えなければならない時期にきているのではないだろうか。

___

参考文献

市川昭午『教職研修の理論と構造―養成・免許・採用・評価―』教育開発研究所、2015年

今津孝次郎『新版　変動社会の教師教育』名古屋大学出版会、2017年

上原健太郎「正規教員を目指すことはいかにして可能か―沖縄の非正規教員を事例に―」『都市文化研究』18号、pp.71-83、2016年

王婷「助教諭の任用増加の要因と教員需給―広島県の事例に基づいて―」『北海道大学大学院教育学研究院紀要』141号、pp.1-28、2022年

兼子仁「教育労働者の特殊性―教育法学の立場から―」『日本労働法学会誌』33号、pp.27-43、1969年

金子真理子「非正規教員の増加と問題点―教育労働の特殊性と教員キャリアの視角から―」『日本労働研究雑誌』645号、pp.42-45、2017年

神田修「教師の地位と教育政策」『立正大学文学部論叢』42号、pp.111-124、1972年

拙稿「公立小・中学校における非正規教員の任用傾向とその特質―助教諭の運用と教職の専門職性をめぐって―」『日本教育経営学会紀要』62号、pp.62-76、2020年

拙稿「非正規教員の任用をめぐる問題と今後の課題―非正規教員の定義の曖昧さと役割の変化を中心に」『現代思想』50巻4号、pp.160-167、2022年

教育改革の終着地としての教職のディストピア

「教員不足・非正規化」問題のゆくえ

児美川孝一郎 法政大学教授

▌問題の所在

　この20年あまり、教員の非正規雇用化が、凄まじい勢いで進められてきた。その背景にあったのは、2000年代における度重なる義務教育費国庫負担制度の「改悪」（正規教員外への適用、総額裁量制の導入、国庫負担比率の1/2から1/3への切り下げ）に象徴される教員の人件費削減を目論んだ政策である。それは同時に、教育現場の困難と教師の超多忙化、疲弊、病気休職の増加等、身体と心を蝕む状況をおし進めることにもなった。さらに、その結果は、教職の魅力を失わせ、今では教員採用試験の受験者数の減少どころか、学校現場における教員の未配置問題さえ引き起こす教員不足を生んでいる。

　こうした問題を「教員不足・非正規化」問題と呼ぶことにしよう。本稿の目的は、政府による「Society5.0」の大号令（『未来投資戦略2017』等での国家戦略としての位置づけ）以降に進められてきた教育改革が、この先「教員不足・非正規化」問題をどこに導いていくのかを検討することにある。もちろん、教員の非正規化と教員不足の問題は、この20余年の新自由主義教育改革の帰結であって、直接的に現下の「Society5.0型教育改

革」（この内容については、この後すぐに説明する）に端を発するものではない。しかし、今進められつつある教育改変は、「教員不足・非正規化」問題の深刻さを加速化させるとともに、質的に変貌させる可能性を有している。本稿が注目したいのは、まさにこの点である。結論を先取りしてしまえば、「教員不足・非正規化」問題の将来にあるのは、端的に、教職にとってのディストピア（暗黒世界）の現出にほかならない。

▌Society5.0型教育改革のバリエーション

　なぜ、現在の教育改変は、教職のディストピアを招来してしまうのか。以下、そのカラクリを解き明かしていくが、まずは、議論の前提となる現下の状況認識を共有したい。確認すべきは、そもそもSociety5.0型教育改革とは何をめざすものであり、この先、それがどう動いていくのかについての見立てである。詳細については別の拙稿[1]に譲るが、ここでは、以下の点を押さえておく。

① 　現下の教育改変がめざすのは、Society5.0という社会構想のお約束になるのだが、ICT（情報通信技術）、IoT（すべてのモノがインターネットにつながる）、AI（人工知能）、ビッグデータ、ロボット工学等の最新テクノロジーの導入を通じて、教育のイノベーションを図っていくことである。経済産業省（以下、経産省）は、これを「EdTech（技術による教育イノベーション）」と表現し、菅内閣や岸田内閣は「教育DX（教育データやツール等のデジタル化を通じて、教育そのものを転換していくこと）」と表現した。

② 　こうした教育改変、教育DXの進展は、学年、教室、一斉授業、標準授業時数、教科、一律の教育課程、教師による教授・指導といった、これまでの学校教育の基本的なかたちを掘り崩していく可能性を秘めている。

③ 最新テクノロジーを駆使した教育サービスは、基本的には教育産業をはじめとする民間企業によって提供される。その結果、教育改変を進めれば進めるほど、教育の「市場化」「民営化」が進行し、公教育が溶解していくことが危惧される。

④ 現時点で、Society5.0型教育改革を進める担い手は、主要には経産省と文部科学省（以下、文科省）である。

⑤ 急進派としての経産省は、2018年以来の「未来の教室」事業を通じて、コロナ禍にはそれを加速させながら、学びの「自律化・個別最適化」と「STEAM化（科学、技術、工学、リベラルアーツ、数学を組み合わせて探究的に学ぶ）」の実現をめざしている。前者は、AIドリルを活用して、子どもが教科内容を自学自習することで、「個別最適化」された学習が実現するというもの。後者は、企業が開発したSTEAM教材によって、教科横断的な探究・プロジェクト型の学習を行うというものである。「未来の教室」構想は、単なる机上プランではなく、実証事業（補助金事業）として、産業界、自治体、大学、学校現場を巻き込んだ試行や教材開発等が行われている。

⑥ 文科省は漸進派であり、2021年の中央教育審議会（以下、中教審）の答申[2]が示すように、「令和の日本型学校教育」の実現を旗印にして、これまでの学校のかたちも壊さず、公教育も溶解させない教育改革の形態をめざしている。要は、GIGAスクール構想や学校現場でのICTやデータ活用は積極的に推進するが、現行学習指導要領の路線を死守しつつ、これまでの学校教育の形態は、何としても遵守していくという立場である。

　Society5.0型教育改革の今後の方向性については、以上のように、経産省と文科省のあいだに、誰が見ても明確なせめぎあいがある。ただし、政権サイドの意向に目を向ければ、内閣府の総合科学技術・イノベーシ

ョン会議（CSTI）の政策提言[3]にも明らかなように、両者の対立は、最終的には経産省の側に寄ったかたちで決着が付けられていくように想像される。財界・経済界が望むのは、まさにその方向性であり、現在の政権も、そこに奉仕するであろうからである。

　とはいえ、経産省の「未来の教室」事業が描く教育改変が実現するためには、現在の公教育を支える法制度の大がかりな改変が必要となる。CSTIの政策提言は、次期の学習指導要領改訂を2027年と見込んでいるが、しかし、それと同時に、学校の管理運営、教育課程編成、教員免許等に関する法的枠組みの改変が一挙に整うとは、にわかには想定できない。改変のペース、経産省流のSociety5.0型教育改革の実現にどれだけの時間を要するのかは、端的に政権サイドの本気度とそれに対抗する運動の側の力量との関数になるのではないか。

　それゆえ、以下の論述においては、今後のゆくえにかかわる2つのシナリオを想定したうえで、「教員不足・非正規化」問題のゆくえを描いてみたい。〈シナリオ1〉は、短期的には有力であると想定されるが、文科省による「令和の日本型学校教育」路線が、経産省や内閣府などによる急進的な教育改革の企図に包囲されつつも、当面は続いていくという筋書きである。それに対して〈シナリオ2〉は、中・長期的にはこちらがトレンドになるのだろうと想像されるが、近い将来に、経産省の「未来の教室」路線の実現のための法整備等が整い、急進的な教育改変が実行に移されるという想定である。

　では、それぞれのシナリオにおいて、教職はどう位置づくのか。

▍〈シナリオ1〉「令和の日本型学校教育」を担わされる教師

　2022年12月、中教審は、「『令和の日本型学校教育』を担う教師の養成・採用・研修等の在り方について──『新たな教師の学びの姿』の実現と、多様な専門性を有する質の高い教職員集団の形成（答申）」を提出

した。大仰なタイトルを冠した答申ではあるが、教師の養成・採用・研修の3つのステージを一体的に捉えた施策を構想し、生涯を通じて求められる教師のあり方を「学び続ける教員」像として提示するという枠組みは、実は2015年の中教審答申[4]をそのまま引き継いでいる。

　ここからわかるのは、Society5.0型教育改革の段階に及んでも、文科省は、これまでの教員政策を変えようとはしていないという明白な事実である。もちろん、「『令和の日本型学校教育』を担う教師」とあるように、今回の答申では、新たに「ICTや情報・教育データ等の利活用」のための資質能力が求められることになったといったバージョン・アップはある。しかし、文科省の教員政策の根本——それは、誤解をおそれずに言えば、評価を軸にして教師に対する管理と統制を強めてきた——を見直す気配はないのである。

　そうであれば、文科省路線に基づく〈シナリオ1〉が進むとしても、教職の今後が安泰などということはない。そもそも、「評価を通じた管理と統制」の教員政策と、現在の「教員不足・非正規化」問題とは本質的な共犯関係にあるはずである。とすれば、文科省による「令和の日本型学校教育」路線は、これまでの教職をめぐる苦境を改善するどころか、その困難と矛盾を増幅するものでしかない。

　なぜ、そう言えるのか。大きな論点は、3点ある。

　第1に、教師に長時間過密労働と肉体的・精神的な疲弊・苦痛を強いてきた過剰負担は、今後もいっこうに解消されず、むしろ過重になる。2020年度以降に全面実施された現行の学習指導要領は、教育内容の精選・削減は行わずに、子どもたちに育成すべき資質・能力は拡張して、「主体的・対話的で深い学び」や「カリキュラム・マネジメント」の実現等を求めた。政策立案に関与した研究者でさえ吐露するように[5]、それは、完全に「カリキュラム・オーバーロード（過積載）」なのである。

　教師は、新教育課程だけでもこなしきれない仕事量に追われるのに、

「令和の日本型学校教育」はそこに上乗せして、「個別最適な学び」への対応、そのためのICTやデジタル教科書、教育データの利活用までを求めてくる。

　ICTや教育データが、新たな教育実践の地平を拓いたり、校務を軽減する可能性までを全面否定するつもりはない。しかし、それらの利活用は、ICT機器や情報通信、あるいはデータ等の保守、管理、運用、保全等にまつわる大量の「ブルシット・ジョブ（クソどうでもいい仕事）」[6]を生み出す可能性も否定できない。そうしたことは、ただでさえ多忙な教師の超多忙化を加速させる。おまけに、教員不足ゆえの未配置問題の尻拭いまでさせられるのだとすれば、まともな教師であろうとすることは、もはや「無理ゲー」の域にまで達してしまうのではないのか。

　要するに、文科省の「令和の日本型学校教育」路線は、経産省流の教育改変と学校のスリム化・解体路線に対抗しようとするあまり、役割や課題を抱え込みすぎて身動きが取れなくなっている現状の学校を、それでも丸ごと墨守しようとし、さらに役割や課題を加える。それは、「教員の働き方改革」のかけ声など虚しく、学校教育の担い手（教師）のサステナビリティ（持続可能性）を足下から掘り崩してしまうのである。

　第2に、文科省の路線は、これまでの教員政策の継続である以上、評価のまなざしとシステムを通じて、教師から自由を奪い、教師を管理・統制するという枠組みを保持したままである。それは、これまで同様に、教師から専門職にふさわしい働きがいとやりがいを奪い続ける。

　第3に、本来、教職が陥っている苦境を脱するためには、（正規雇用の）教師を増やすことをはじめとした教育条件の整備が不可欠なはずである。しかし、〈シナリオ1〉においてその可能性は、構造的に閉ざされている。

　歴史的に、この国は教育にお金をかけない。いくら教師を増やす必要性があると訴えても、財務省は、そう簡単には首を縦に振らない。しかし、問題はそれだけではない。文科省路線に基づく教育改変であっても、

今後進められていくのがSociety5.0型教育改革であれば、そこには、教員の人件費よりも優先的に割り当てられる教育予算が発生してくるのである。端的にそれは、ICT機器や1人1台端末の費用であり、最新テクノロジーを駆使した教育サービス（AIドリル、学習教材ソフト、学習支援プラットフォーム等）の使用料であり、ICT支援員等の人件費である。これらのうち、今後は保護者の自己負担に回される部分も出てくるのだろうが、それだけでは全額はおさまらない。

　結局、教育予算の総額は増えないという（現実的な）想定に立てば、Society5.0型教育の実施のための支出に代わって、削られる支出の費目は何になるのか。真っ先に削減の対象になるのは、教育予算において大きな比重を占める教員の人件費にほかならないだろう。

　要するに、〈シナリオ1〉においては、何が起きるのか。教師の仕事は極限まで増える見込みなのに、教師を増やすといった条件整備はかなわない（さらなる非正規化が進むおそれはある）。そして、教師の働きがいは奪われたままである。そんなことでは、教職の魅力が回復するはずはなく、非正規教員のなり手もいなくなって、教員不足を引き起こしている現在の負のスパイラルは拡大していくよりほかにない。

｜〈シナリオ2〉「未来の教室」事業がもたらす教職のゆくえ

　では、〈シナリオ2〉を想定してみよう。学校制度や教職に関連する法改正等が必要になるが、そうした法整備も済ませたうえで、経産省の「未来の教室」路線が現実のものとなっていく場合である。そこでの教職には、どんな未来が待ち構えているのか。

　結論を先に述べてしまおう。非正規化の問題は、（状況がさらに悪化する可能性も含めて）継続するだろうが、教員不足の問題は、逆説的（ディストピア的）な意味ではあるが「解消」するのではないか。なぜなら、「未来の教室」事業が描く教育においては、教員免許を有するような専門職

としての教師は大幅に削減され（必要がなくなり）、逆に、Society5.0型教
育の仕事に携わる多様なスタッフ（そこには、AIも含まれる）が、市場の
さまざまなルートから調達されるからである。

　いったい、どういうことか。簡潔に説明していく。「未来の教室」がめ
ざすのは、教育の中身としては、教科学習の「自律化・個別最適化」で
あり、探究・プロジェクト型学習の「STEAM化」である。注意すべき
は、こうした教育への転換は、教育の担い手の変更を含んでいるという
点にある。

　教科学習の「自律化・個別最適化」の主役は、AIドリルである。AIド
リルによる自学自習が原則になるので、教師の役割は、（あるとしても）
AIドリルに取り組む子どもを傍らで励ましたり、学習の進捗状況を管理
したりする補助的な任務になる。他方、探究・プロジェクト型学習の
「STEAM化」では、STEAM教材そのものは、企業によって開発され
る。授業の運営は教師が行うとしても、教師はその授業を思うままにデ
ザインできたりはしない。教材が持つねらいや視点、進行上のシナリオ
（言ってしまえば、その教材に埋め込まれた見方・考え方）に規定されて、授
業に従事することになる。その意味では、探究・プロジェクト型学習に
おいても、教職の専門性は十全には発揮されず、その役割は、教材を補
助するような任務に堕しかねないのである。

　先に触れたCSTIの政策提言は、誤解をおそれずに言えば、経産省の
「未来の教室」路線に対して、首相を議長とする会議がお墨付きを与えた
ものであり、今後の教育改変の方向性についての政府レベルでの「合意」
を示している。提言によれば、Society5.0時代の教師の役割は、
「Teaching」から「Coaching」へと軸足を移し、そこでの教職員組織は、
「同質・均質な集団」から「多様な人材・協働体制」へと転換していくと
される。言ってしまえば、教師には、教育専門職としての専門性をまと
もに発揮するような役割は与えられず、「自らの学びを自らデザインす

る」子どもを傍らでサポートする任務が付与される。成人の学習であれ
ばともかく、子どもの教育であるにもかかわらず、学習を指導するとい
う契機を欠落させた発想は、「学びのリバタリアニズム（自由至上主義）」
とでも言うしかないと思うのだが、経産省や内閣府の路線においては、こ
れが大真面目に信奉されているのである。

　そして、そうしたCoachingを担うスタッフは、もはや専門職として
の教師である必要はなく、多様な人材（企業経験者や企業から派遣される人
材。非正規雇用者も含んで）が協働して担えばよいとされる。このことは、
教科学習も、探究・プロジェクト型学習も、学校の教室で行われる必要
はなく、社会のさまざまな場（大学、企業、社会教育・生涯学習施設、塾・
予備校等々）で行われればよいとする「未来の教室」の学校スリム化・解
体路線とも見事に符合するのである。

　さらに、〈シナリオ2〉に基づく教育改変が進めば、教員数は大幅に削
減される可能性が高い。述べてきたように、そもそも教師の役割は減ら
され、教師以外のスタッフが、さまざまな役割を担うことが想定される
からである。加えて、〈シナリオ1〉でも指摘したように、Society5.0型
教育改革が必要とするICT関連や企業による教育サービスの活用のため
の予算の確保には、教員数を減らして人件費を削減していくことが、政
策サイドにとってはきわめて好都合だからである。

　以上のように、〈シナリオ2〉に基づく教育改変のもとでは、教師は量
的に削減され、仕事内容も脱専門職化されていく。中には、AIドリルと
併用される配信動画において授業を行ったりする、ごく少数のスーパー・
ティーチャーも必要になるのかもしれないが、大多数の教師は、学習の
進捗管理などの補助的業務に従事する。そうした点で、教職の脱専門職
化は、教師の分断を内に含んで進行する。そして、教師としての働きが
いは、極限に至るまで奪われてしまう。こんな状況を「ディストピア」
と呼ばずして、他に何と呼べばよいだろうか。

▍対抗軸をどう構想するか

　私たちはどうすればよいのか。Society5.0型教育改革への対抗軸をどう構想すればよいのだろうか。

　経産省によって主導され、内閣府や官邸サイドからも追認されている〈シナリオ2〉の路線に乗ることが論外であることは、説明するまでもないだろう。それでは、教職はもとより、教育そのものにも未来はない。しかし、では、文科省が進もうとする〈シナリオ1〉の路線に期待できるかと言えば、それも違う。このどちらにも与しない独自の道を追求し、実現していくしかない。その意味では、「教員不足・非正規化」問題に関してめざすべき目標は明快である。

① 　現在のような教師の超多忙化、長時間過密労働を解消するために、正規雇用の教員を増やしていく
② 　教育条件、勤務条件を改善しつつ、教育専門職としての専門性を生かした仕事に専心できるようにする
③ 　以上を通じて、教師の仕事のやりがいを取り戻し、教職の魅力を回復することで、教員不足を解決していく

　こうした目標設定に対する異論は、おそらくないだろうと思うが、問題は、これをどう実現していくのかである。3点だけ述べておきたい。

　第1に、教職をめぐる今日の窮状は、振りかえってみれば、この30年あまりにおける新自由主義的な社会改変と国家改造の企図が、教育領域に及ぼした帰結であり、ツケである。その意味では、上記のような目標を実現していくためには、教育領域における取り組みや運動だけでは十分ではなく、この国の政治そのものを変えていく必要がある。ただし、この点は、本稿の守備範囲を越えるので、これ以上は触れない。

　第2に、上記に掲げた目標は、労働者としての教師の権利の擁護であり、勤務条件の改善である。しかし、それは、労働運動として追求されるだけではなく、子どもの学習と発達の権利を豊かに保障していくためにこそ、上記の目標①②③が求められるという教育（運動）論として統一的に理解されなくてはならない。これは、子ども・保護者・市民との共同の取り組みや運動を創造していくためにも不可欠な視点である。

　第3に、現在のSociety5.0型教育改革は、〈シナリオ1〉であれ、〈シナリオ2〉であれ、上記の目標①②③にとってだけではなく、子どもの学習と発達保障にとっても重大な桎梏となる可能性が強い。とすれば、私たちの戦略としては、子どもの学習と発達をまともに保障できる学校像を、「日本型学校教育」への開き直りでもなく、学校のスリム化・解体を許してしまうのでもなく、豊かに構想し、紡いでいくことが第一義的な課題になる。そして、そうした学校を実現していくためにこそ、教育専門職としての教師の存在と役割が不可欠であり、教師が潤沢に配置される必要があることを明らかにしていくことが求められよう。

　いま最後に述べた点を少しだけ敷衍して、本稿を閉じよう。

　現時点で私たちの目の前にある教育改変の企図は、学校教育の過剰と過小の両極に存在している。しかし、私たちが紡いでいくべき学校像は、国家主義と道徳を押しつけ、競争と管理が横溢し、評価で子どもと教師を縛り上げる「過剰」な学校教育でも、子どもを個別化し、共同の学びや体験の豊かさを奪いつつ、学びを市場化してしまう「過小」の学校教育（の解体）でもない。私たちがめざす〈学校〉は、両者を乗り越えた地平に存在する。おそらく、そうした学校像を考えていくヒントは、コロナ禍の一斉休校後、ようやく分散登校が開始された時期の学校にあるのではないか。それは、想像するに、阪神・淡路大震災、あるいは東日本大震災の直後の時期の学校とも重なるにちがいない。

　こうした〈学校〉を創造するという課題を、所詮は「災害ユートピア」

[7]ではないのかなどとシニカルに突き放してしまうのではなく、本気で構想し、追求していくことが必要である。非日常において私たちが垣間見た学校空間では、集団でいるにもかかわらず、競争と管理と評価を乗り越えたケアの眼差しが、一人ひとりの子どもに注がれると同時に、共同性に支えられた学びと体験が豊かに交響する。そんな〈学校〉空間は、教育条件の整備・充実を前提としつつも、教育専門職としての教師の存在と役割を抜きにしては、想像も創造もできない。そして、そうして創造された〈学校〉は、教師に働きがいを提供し、教師としての誇りを取り戻させる場にもなるだろう。まさに、「ディストピア」へと突き落とされる瀬戸際にある教職を、あらためて再興するものにほかならない。

1 　拙稿「教育DXが学びと学校を変える」稲葉一将・稲葉多喜生・児美川孝一郎『保育・教育のDXが子育て、学校、地方自治を変える』自治体研究社、2022年

2 　中央教育審議会「『令和の日本型学校教育』の構築をめざして──全ての子供たちの可能性を引き出す、個別最適な学びと、協働的な学びの実現（答申）」2021年1月

3 　総合科学技術・イノベーション会議「Society5.0の実現に向けた教育・人材育成に関する政策パッケージ」2022年6月

4 　中央教育審議会「これからの学校教育を担う教員の資質能力の向上について──学び合い、高め合う教員育成コミュニティの構築に向けて（答申）」2015年12月

5 　渡辺敦司『学習指導要領「次期改訂」をどうする』ジダイ社、2022年、所収の奈須正裕（上智大学教授）へのインタビューを参照

6 　デヴィッド・グレーバー（酒井隆史ほか訳）『ブルシット・ジョブ──クソどうでもいい仕事の理論』岩波書店、2020年

7 　レベッカ・ソルニット（高月園子訳）『災害ユートピア──なぜそのとき特別な共同体が立ち上がるのか』亜紀書房、2010年

おわりに

先生が足りない、教育が危ない ともに危機の克服へ

杉浦孝雄 公立高校教員

　NHKが「教育に穴があく〜"非正規"教員依存のひずみ」という番組で「非正規教員と教育」の問題を取り上げたのは2008年11月6日のことであった。以来十数年、近年に至るまで一部を除いてこの問題がメディアで取り上げられることは稀であった。それよりも何よりも、私たち「教育関係者」の間でもこの問題についての認識が事態の深刻さにふさわしく大きく広がっていたとは言い切れなかった。

　「はじめに」にあるように本書は教育科学研究会機関誌『教育』特集（2022年3月号、10月号）を基にして編まれた。時を同じくした文科省の「『教師不足』に関する実態調査」（2022年1月）の公表や、本書共著者である佐久間亜紀さんの論文発表・メディアでの発信、佐藤明彦さんの書籍の発刊などの動きも相まって、ようやくこの問題にスポットをあてる機運が高まってきたことが実感される今日となった。本書はこの機を逃してはならないという思いを共有する山﨑洋介さん、原北祥悟さんと杉浦が企画し教育科学研究会から佐貫浩さんの全面的バックアップをいただいて、発刊に至ったものである。

　残念ながら、私たちは問題解決の緒についたに過ぎないことを自覚しなければならない。事態は自然に改善されていくどころか、「教育改革」

「教育政策」に翻弄されながらより深刻な事態に陥っていく危機に瀕しているることを強く意識しなければならない。本書は解決の道を拓くために可能な限り多角的で、事態の認識と打開のあり方に肉薄する論考を結集したという自負を持つ。当事者として「非正規教員」の理不尽な状況を告発する現場教員の声、長く地道な取り組みを進めてきた市民運動や教職員組合運動からの報告、ジャーナリズムの視点からの解明、専門領域を超えた多角的な研究者の分析、どれ一つが欠けても本書は成立しなかったのであり、不躾な編者の依頼や提案に応えていただいた執筆者各位に心から感謝したい。

　また、多数の筆者の共著である本書の出版にあたっては、多くの調整作業が必要であり、旬報社の熊谷満さんにはご尽力をいただいた。不慣れな編集部を的確かつ迅速な対応で支えていただいたことに合わせて心から感謝したい。

　本書を手に取ってくださった読者の皆さんが、広く深く問題を共有し、ともに危機の克服へ歩んでいただけることを祈るばかりである。

2023年5月　編集部を代表して

用語集

非正規教員問題を議論するうえで欠かせない作業課題の一つに、用語に対するコンセンサスが挙げられる。本書を通読していただくと分かる通り、自治体や学校種が変われば、非正規教員問題を語るための言葉も少しずつ変わっている。この事実が当該問題にかかる議論を錯綜させる一つの要因になっているように思われる。そこで、ここでは非正規教員問題に深く関わる用語について、現時点での本書としての見解を示しておく。

非正規教員

有期で任用されている教員を指す。一般的に、常勤講師と非常勤講師の2つの形態が想定されている。しかしながら、他の形態で有期任用されている教員もいくつか存在しているうえ、常勤講師・非常勤講師という形態も法制度的には複雑であり、単純に類型できるものではない。詳しくは下記の用語を確認してほしい。

臨時的任用教員（常勤講師）

一般に常勤講師として理解されている非正規教員の一つの任用形態であり、地方公務員法第22条の3に基づいて任用された教員を指す。常時勤務を要する職に欠員を生じた場合において、①緊急のとき、②臨時の職に関するとき、又は③採用候補者名簿がないときに限って、6ヶ月を超えない期間で任用される。必要に応じて、6ヶ月を超えない範囲で1度に限り更新される場合がある。しかし、実際には少子化等を見据えた教員採用計画の「調整弁」として、意図的に生まれる欠員ポストに充てられるケースは多く、法解釈上の問題も抱えている。

なお、臨時的任用された教員を常勤講師と呼ばず、「6・6講師」や「期限付講師」などと呼称する自治体もあり、その運用実態は多岐にわたっている。

非常勤講師

　いわゆるパートタイムで勤務する教員を指す。小学校ではいわゆる専科として任用され、中学校では教科ごとの授業持ちコマ数の偏りを調整したり、授業時数の少ない教科（技術や家庭科など）の担当としたりするため任用される傾向にある。任用根拠は曖昧であり、後述する会計年度任用職員制度が導入される前までは、地方公務員法第3条3項3号（特別職）や第17条に基づいて任用されていた。任用根拠が曖昧であるがゆえに、非常勤講師としての身分や待遇も曖昧にならざるをえず、実際に勤務する多くの非常勤講師は極めて不安定な立場に置かれていた。会計年度任用職員制度の導入に伴い、現在の非常勤講師はパートタイムの会計年度任用教員として任用されている。

会計年度任用職員制度

　2017年5月に公布された「地方公務員法及び地方自治法の一部を改正する法律」が2020年4月1日より施行されることで新たに創設された（地方公務員法第22条の2）。教員だけでなく地方公務員全体の傾向として臨時・非常勤職員が増加しているものの、適正な任用・勤務条件の確保に課題があったため導入された制度である（総務省自治行政局公務員部長通知「地方公務員法及び地方自治法の一部を改正する法律の運用について」（平成29年6月28日総行公第87号、総行給第33号））。

　本制度が導入されたことで、昇給・期末手当、退職金等の支給や社会保険への加入が実現されるなど待遇の向上が図られた。また、特別職ではなく一般職としての扱いになるため地方公務員法第4条に基づき、地方公務員法が適用されるようになった点も改善点の一つである。しかしながら、期末手当を創設する分、毎月の報酬を減額する自治体も散見されるなど、本質的な待遇改善には至っていない。なにより本制度の導入によって、非正規という任用形態の常態的な運用が合法化されたという最大の問題点を見過ごしてはならない。

再任用教員

　再任用制度は、公的年金の支給開始年齢が2001年4月より引き上げられることに伴い導入された制度である。「一年を超えない範囲内で任期を定め、常

時勤務を要する職に採用」されるとフルタイム勤務になる（地方公務員法第28条の4）。また、「一年を超えない範囲内で任期を定め、短時間勤務の職（当該職を占める職員の一週間当たりの通常の勤務時間が、常時勤務を要する職でその職務が当該短時間勤務の職と同種のものを占める職員の一週間当たりの通常の勤務時間に比し短い時間であるものをいう。以下同じ）に採用」される場合は、短時間勤務となる（地方公務員法第28条の5）。

任期付採用

　任期付採用とは、3－5年間の期間に限って任用することを指す。根拠法は「地方公共団体の一般職の任期付職員の採用等に関する法律」（一般職任期付法）である。「高度の専門的な知識経験又は優れた識見を有する者」を「一定の期間活用して遂行することが特に必要とされる業務」に限り、選考により任期を定めて採用することができる（第3条1項）。また、「一定の期間内に終了することが見込まれる業務」もしくは「一定の期間内に限り業務量の増加が見込まれる業務」である場合も同様である（第4条）。任期は5年（もしくは3年）を超えない範囲である（第6条）。市町村費負担で採用する教員や

民間人校長を任用する場合に本法を利用しているようである。しかしながら、部分的な運用にとどまっており全国的に広がっている制度ではなく、運用実態の解明は今後取り組むべき課題であろう。

　他方で、「地方公務員の育児休業等に関する法律」6条に基づく任期付採用は積極的に活用されつつある。育児休業期間は他の休業等と比較してある程度予測可能であるため、複数年の任期（一般的には3年程度）で採用されているようである。自治体によっては、大量退職による若い世代の正規採用が進んでいることから産休・育休制度利用者が増加しており、今後も本法に基づく任期付採用は増えると見込まれる。

期限付任用

　期限付任用とは、「地方公務員法第17条による正規の任用について期限を付して任用する」ことを指す。その期限は労働基準法第14条（契約期間等）の適用を受けるため、「1年」（ただし更新は可能）となる。地方公務員法第17条を根拠に任用されるわけであるため、期限が付されている以外は正規教員と「ほぼ同様の身分取り扱い」を受けることとなる（『教育委員会月報』（平成元年9

187

月号）参照）。ただし、地方公務員法第17条は正規での任命が建前となっていることから、期限を付して任用する場合は臨時的任用（地方公務員法第22条の3）に基づいていると思われる。

常勤（常時勤務）

常勤とは常時勤務を要する職のことを指す。厚生労働省は常勤・非常勤の概念整理を行うにあたり、勤務時間の要件（フルタイム／パートタイム）と従事する業務の性質に関する要件（相当の期間任用される職員を就けるべき業務に従事／左記以外の業務に従事）という2つの軸を用いている点がポイントである。常時勤務を要する職に該当するためには、フルタイムでかつ、相当の期間任用される職員を就けるべき業務に従事していくことが求められる。具体的にはいわゆる正規教員に加えて、臨時的任用教員、任期付採用教員、再任用教員（フルタイム）が該当する。

非常勤（常時勤務を要しない職）

非常勤とは常時勤務を要しない職のことを指す。勤務時間の要件と従事する業務の性質に関する要件の2軸に基づけば、先の常時勤務を要する職以外すべてが非常勤となる。一般的にこれまでは勤務時間の要件（フルタイム／パートタイム）だけで常勤・非常勤を区別していたが、フルタイムであっても従事する業務の性質に関する要件が「左記以外の業務に従事」であれば非常勤となる点が新地方公務員法の変更点である。

教員不足（未配置）

その名の通り、教員が不足していることや配置しなければならない教員数に達していない事態を総称する用語である。本書の問題意識の一つでもある。ただし、教員の不足や未配置の問題性は誰もが認めるものであるが、その定義はそれぞれの立場で異なっている。

未配置は、本来配置すべきポストに誰も配置されていないことを意味し、事実として理解しやくす、コンセンサスも図りやすい。一方、不足と表現する場合、何に対する不足なのかその含意が一気に拡大してしまう。例えば、量的な側面に限っても教職員定数に対する不足なのか、都道府県による単独加配の不足なのか、はたまた正規教員の不足か非正規教員の不足なのか、さ

らには当該校種・教科の教員免許状取得者の不足なのかによってその意味内容は異なってくるだろう。なお、本書共著者の一人である佐久間亜紀氏によれば教員不足を4段階で整理している（本書参照）一方で、文部科学省は「教師不足」という表現を用いながら独自に定義している（「『教師不足』に関する実態調査」参照）。

無期転換ルール

　無期転換ルールは、同一の使用者との間で、有期労働契約が5年を超えて更新された場合、有期契約労働者（契約社員、アルバイトなど）からの申込みにより、期間の定めのない労働契約（無期労働契約）に転換されるルールのことを指す（厚生労働省HP：労働契約法第18条）。臨時的任用や会計年度任用は労働契約法の適用を受けないため、直接的に影響を受けるのは私立学校教員や大学教員等である。詳しくは本書第3章の葛巻論文や江尻論文をお読みいただければと思うが、いわゆる無期転換申込権が発生する直前で雇止めにするケースが起きており、労働者（教員）の権利やひいては子どもたちの学習権を保障するためにも法の運用を改める必要がある。他方で、地方公務員である臨時的任用

教員や会計年度任用教員等にも無期転換ルールを適用できるよう法制度の整備も重要であろう。

教職員定数改善計画

　教職員定数の改善のための見通しを国が示したものを指す。これまで第1次〜7次まで策定されてきたが、2006年度以降その策定が見送られている。国が改善計画を示す最大の意義は、各自治体が安心して教職員の新規採用を行えることにある。この計画が策定されないことが新規採用に対する不安を助長することとなり、それが正規採用控え及び非正規教員任用の多用につながっている。

　2023年2月7日、永岡文科相は「中長期的な見通しを持った計画的な教職員の定数改善に努めていく」と明言しているが、その実現性を含めて今後の動向を注視する必要がある。

「コマ給」

　会計年度任用教員・非常勤講師が得る授業1コマ単位の報酬のことを指す。本書第3章の江尻論文では（授業）回数制と表現される等、コマ給という

表現もあくまで通称である。コマ給の額面は各自治体で異なるが、公立学校の場合は2,000〜3,000円程度だと思われる（熊本市公立学校の場合は2,860円／授業1時間あたり）。コマ給の大きな問題点は、授業コマ数に対する報酬であって、実際の勤務時間に対する報酬になっていない点である。授業準備（教材研究・プリントや問題作成等）やテスト作成・採点の時間等、授業を実施するうえで欠かせない業務が報酬として反映されるよう仕組みを変えていく必要がある。

定数崩し

　公立義務教育諸学校の学級編制及び教職員定数の標準に関する法律（義務標準法）2001年改正時に非常勤講師の教職員定数活用条項が設けられた（第17条）。これをいわゆる「定数崩し」と呼び、非常勤講師が国庫負担の対象になったことを指す。改正前は標準定数には「常勤の者」しか算定されなかったが、「短時間勤務の職を占める者、非常勤講師の数に換算することができる」と改正された。すなわち、常勤の者一人分を分割することで複数の非常勤講師を任用することが可能になった。

　厚労省による常勤／非常勤概念の整理に基づけば、常勤（フルタイムかつ、相当の期間任用される職員を就けるべき業務に従事）を複数の非常勤に分割できるという発想には至らないはずであるが、それが合法化されることとなった。そのため定数崩しが非常勤講師の増加を助長してきた制度の一つであることは理解しておく必要があるだろう。

　　　　　　　　　　　　（原北祥悟）

非正規教員に関連する文献リスト

　ここでは「非正規教員に関連する文献」として、非正規教員に関連する先行研究等の文献を広く紹介する。「非正規教員問題」は言葉では表現できても、非正規教員の定義の曖昧さも相まって、その問題の内実は極めて多岐にわたる。本書の各論考を読んでみるとよく分かると思うが、教育行財政はもとより、教員／地方公務員制度や公教育にかかる問題とも密接に関連している。

　そのため、以下に紹介する文献は、非正規教員（問題）を直接の研究対象としている研究だけでなく、他の研究課題に取り組む中で間接的に非正規教員（問題）に関わるような論点を提示する研究も積極的に取り上げている。このような先行研究群も非正規教員をめぐる問題について深く議論していくために欠かせない重要な知見を示している。なお、論文・書籍ともに入手のしやすさを念頭に掲載している。ぜひ気になった文献は手にとってみてほしい。

非正規教員を対象とする主な文献

論文
- 上原健太郎「正規教員を目指すことはいかにして可能か——沖縄の非正規教員を事例に——」『都市文化研究』18号、pp.71-83、2016年
- 王婷「助教諭の任用増加の要因と教員需給——広島県の事例に基づいて——」『北海道大学大学院教育学研究院紀要』141号、pp.1-28、2022年
- 菊地原守「教員の非正規化は何をもたらすのか——海外研究からの示唆——」名古屋大学大学院教育発達科学研究科 教育科学専攻『教育論叢』64号、pp.47-57、2021年
- 菊地原守「教員の非正規化の拡大を規定する要因——都道府県の財政構造と学校問題に着目して——」『日本教師教育学会年報』第30号、pp.172-182、2021

年

- 菊地原守「勤務形態・教科別にみた非正規教員からの移行——名古屋市公立中学校の実態を通して——」名古屋大学大学院教育発達科学研究科 教育科学専攻『教育論叢』65号、pp.61-68、2022年
- 佐久間亜紀, 島﨑直人「公立小中学校における教職員未配置の実態とその要因に関する実証的研究：X県の事例分析から」『教育学研究』88巻4号、日本教育学会、pp.28-42、2021年
- 杉本佳子、井上えり子「高校家庭科における非正規教員の勤務・教育実態に関する研究——京都府立高校の事例を対象として——」京都教育大学『教職キャリア高度化センター教育実践研究紀要』3号、pp.65-73、2021年
- 橋口幽美「義務教育諸学校における教職員の非正規化について」日本教育法学会編『教育法の現代的争点』法律文化社、pp.202-205、2014年
- 原北祥悟「義務標準法（2001）の改正過程に関する考察——「非常勤講師」活用をめぐる議論を中心に——」九州大学大学院人間環境学府教育システム専攻教育学コース『飛梅論集』18号、pp.49-63、2018年
- 原北祥悟「公立小・中学校における非正規教員の任用傾向とその特質——助教諭の運用と教職の専門職性をめぐって——」『日本教育経営学会紀要』62号、pp.62-76、2020年
- 原北祥悟「非正規教員の任用をめぐる問題と今後の課題——非正規教員の定義の曖昧さと役割の変化を中心に——」『現代思想』50巻4号、pp.160-167、2022年
- 三上彩、伏見葉月、関由起子「なぜ学生は臨時的任用教員になることを選択したのか——教員養成学部の新卒者の場合——」『埼玉大学紀要，教育学部』65巻、pp.117-129、2016年
- 三宅愛未)「教員の有期雇用についての批判的検討——公立義務教育諸学校および高等学校の場合を中心に——」龍谷大学大学院法学研究『法学研究』15号、pp.99-115、2013年
- 山田真紀「非正規雇用教員の実態と課題に関する総合的研究(1) ——先行研究のレビューと歴史的変遷を中心に——」『椙山女学園大学研究論集：人文科学篇・社会科学篇・自然科学篇』53号、pp.151-165、2022年

書籍等（雑誌は特集テーマのみの掲載）

- 『女も男も──自立・平等』133号「特集　知っていますか？　あなたのそばの非正規公務員」労働教育センター、2019年
- 『季刊　教育法』215号「特集　非正規教員増加による学校現場への影響を問う」エイデル研究所、2022年
- 『教育』914号「特集　STOP！教職員の非正規化Ⅰ」旬報社、2022年
- 『教育』921号「特集　STOP！教職員の非正規化Ⅱ」旬報社、2022年
- 『クレスコ』113号「特集　なぜ増える？　臨時教職員──教育に臨時はない」大月書店、2010年
- 『クレスコ』149号「特集　いま、臨時教職委員は」大月書店、2013年
- 『月刊　東京』「特集　東京の教育・子育て－非正規教職員問題、『子ども基本条例』」東京自治体問題研究所、2022年
- 臨時教職員制度の改善を求める全国連絡会、山口正（会長）編『教育に臨時はない──教師の良心をかけて──』フォーラム・A、2005年

教育（行財政）制度を対象とする主な文献

論文

- 阿内春生「県費負担教職員制度の補完としての市町村費負担教員任用──市町村教育委員会調査に基づいて──」『人間発達文化学類論集』第23号、pp.9-20、2016年
- 大桃敏行「地方分権の推進と公教育概念の変容」日本教育学会『教育学研究』第67巻第3号、pp.23-33、2000年
- 荻原克男「1990年代教育政策『変容』への一視角──行政コミュニケーション形式に焦点を当てて──」『〈教育と社会〉研究』第11号、pp.20-28、2001年
- 荻原克男、村上祐介「地方教育行財政の改革と変容」日本教育行政学会研究推進委員会『地方政治と教育行財政改革──転換期の変容をどう見るか──』福村出版、pp.11-28、2012年
- 川上泰彦「教員供給の問題を教育行政学はどう分析・解題するか──労働（市場）分析とエビデンスの政治への着目──」『日本教育行政学会年報』47号、pp.46-64、2021年

- 窪田眞二「地方分権、規制改革政策と日本の義務教育——義務教育費国庫負担制度をめぐる論点と争点——」『教育学研究』第72巻第4号、pp.1-13、2005年
- 高橋寛人「教育の論理に基づく教員身分保障制度構築の必要性——教育公務員特例法の制定経緯の検討から——」日本教育学会『教育学研究』第73巻第1号、pp.15-26、2006年
- 山﨑洋介「第4章 学級定員基準とその仕組み」世取山洋介／福祉国家構想研究会『公教育の無償性を実現する——教育財政法の再構築』大月書店、pp.207-235、2014年
- 山﨑洋介「真に求められる少人数学級制の内容・方法に関する考察と提言」『日本教育法学会年報』第50号、pp.131-139、2021年

書籍等

- 井深雄二『近代日本教育費政策史——義務教育費国庫負担政策の展開——』勁草書房、2004年
- 井深雄二『戦後日本の教育学——史的唯物論と教育科学——』勁草書房、2016年
- 井深雄二『現代日本教育費政策史——戦後における義務教育費国庫負担政策の展開——』勁草書房、2020年
- 大桃敏行、背戸博史編『日本型公教育の再検討——自由、保障、責任から考える——』岩波書店、2020年
- 佐藤全、若井彌一編著『教員の人事行政——日本と諸外国——』ぎょうせい、1992年
- 堀内孜編著『学級編制と地方分権・学校の自律性』多賀出版、2005年
- 本多正人、川上泰彦編著『地方教育行政とその空間——分権改革期における教育事務所と教員人事行政の再編——』学事出版、2022年
- 山﨑洋介、ゆとりある教育を求め全国の教育条件を調べる会『本当の30人学級は実現したのか？——広がる格差と増え続ける臨時教職員——』自治体研究社、2010年
- 山﨑洋介、ゆとりある教育を求め全国の教育条件を調べる会『いま学校に必要なのは人と予算——少人数学級を考える』新日本出版社、2017年
- 山﨑洋介・山沢智樹 教育科学研究科編『もっと！少人数学級——豊かな学び

を実現するためのアイデア』旬報社、2021年

教　員　(制度)　を　対　象　と　し　た　主　な　文　献

論文

- 岩田康之「『教師の専門性』研究の方法論的課題」『日本教師教育学会年報』第10号、pp. 67-71、2001年
- 牛渡淳「近年の教員研修政策の動向と課題——教員免許更新制度と教員研修の関連性を中心に——」『日本教師教育学会年報』15号、pp.44-49、2006年
- 兼子仁「教育労働者の特殊性——教育法学の立場から——」『日本労働法学会誌』33号、pp.27-43、1969年
- 神田修「教師の地位と教育政策」『立正大学文学部論叢』42号、pp.111-124、1972年
- 中嶋哲彦「教員の専門的自律性を否定する教員養成制度改革——修士レベル化と教師インターンシップ制度——」『日本教師教育学会年報』第22号、pp.58-65、2013年
- 福島賢二「『教職の専門性』概念の民主主義的基礎づけ——Amy Gutmannの理論を手がかりにして——」『日本教師教育学会年報』第17号、pp. 52-61、2008年

書籍等（雑誌は特集テーマのみの掲載）

- 神田修、土屋基規『教師の採用——開かれた教師選びへの提言』有斐閣選書、1984年
- 『季刊　人間と教育』112号「センセイが足りない！——どうつなぐ？　教師のバトン」旬報社、2021年
- 『教育』883号「特集　『学校の働き方』を変える」旬報社、2019年
- 『教育』890号「特集　急げ、働き方改革　人が生きる学校へ」旬報社、2020年
- 『クレスコ』259号「特集　なぜ、『教員不足』なのか!?」大月書店、2022年
- 『週刊東洋経済』7064号「あなたの子どもの学校が崩れる」東洋経済新報社、2022年

- 高橋哲『現代米国の教員団体と教育労働法制改革──公立学校教員の労働基本権と専門職性をめぐる相克──』風間書房、2011年
- 土屋基規『戦後日本教員養成の歴史的研究』風間書房、2017年
- 油布佐和子編著『教師という仕事』日本図書センター、2009年

公務員／労働法制を対象とした主な文献

論文

- 阿部誠「特集に寄せて──変わる公共部門の労働──」社会政策学会『社会政策』第8巻第3号、pp.5-13、2017年
- 川田琢之「任期付任用公務員の更新打切りに対する救済方法──近年の裁判例を踏まえた『出口規制』に係る法理のあり方の検討──」『筑波ロー・ジャーナル』3号、pp.99-160、2008年
- 川村雅則「官製ワーキングプア問題の現状と課題」社会政策学会『社会政策』第8巻第3号、pp.47-61、2017年
- 白井邦彦「労働規制緩和の『転換』と『不安定就業』としての派遣・請負労働者」『日本労働社会学会年報』第23号、pp.3-27、2012年
- 濱口桂一郎「非正規公務員問題の原点」『地方公務員月報』平成25年12月号、pp.2-15、2013年
- 松尾孝一「公務改革と公務労働の変化」社会政策学会『社会政策』第8巻第3号、pp.14-30、2017年

書籍等

- 有田伸『就業機会と報酬格差の社会学──非正規雇用・社会階層の日韓比較──』東京大学出版会、2016年
- 伊藤太一『非正規雇用と労働運動──若年労働者の主体と抵抗──』法律文化社、2013年
- 稲継裕昭『この1冊でよくわかる！　自治体の会計年度任用職員制度』学陽書房、2018年
- 大谷基道、河合晃一『現代日本の公務員人事──政治・行政改革は人事システムをどう変えたか──』第一法規、2019年

- 神林龍『正規の世界・非正規の世界——現代日本労働経済学の基本問題——』慶応義塾大学出版会、2017年
- 上林陽治『非正規公務員』日本評論社、2012年
- 上林陽治『非正規公務員の現在——深化する格差——』日本評論社、2015年
- 上林陽治『非正規公務員のリアル——欺瞞の会計年度任用職員制度——』日本評論社、2021年
- 伍賀一道『「非正規大国」日本の雇用と労働』新日本出版社、2014年
- 下井康史『公務員制度の法理論——日仏比較公務員法研究——』弘文堂、2017年
- 早川征一郎、松尾孝一『国・地方自治体の非正規職員』旬報社、2012年
- 労働政策研究・研修機構編『非正規就業の実態とその政策課題——非正規雇用とキャリア形成、均衡・均等処遇を中心に ——』労働政策研究・研修機構、2012年

（原北祥悟）

執筆者（五十音順）

* ＝編者

上村　和範（うえむらかずのり）
名古屋市立小学校臨時的任用教員（学級担任）。愛知・臨時教員制度の改善を求める会代表委員。名古屋教職員の会事務局長

江尻　彰（えじりあきら）
関西大学など大阪の私立大学で40年間、非常勤講師として勤務してきた。専門は農業経済論。関西圏大学非常勤講師組合書記長

大久保　昂（おおくぼあきら）
毎日新聞記者。大阪府教委や東京都教委の担当記者を経て、2020〜21年度に文部科学省の取材を担当した

葛巻　真希雄（くずまきまきお）
全国私立学校教職員組合連合（全国私教連）書記長。元私立高校教員。教育科学研究会常任委員。詩誌『詩人会議』会員。共著に教育科学研究会・学校部会編『学校づくりの実践と可能性〜学校を人間的協同の場に』（績文堂出版）

黒澤　順一（くろさわじゅんいち）
都立高校時間講師。講師歴16年。都内大学在学中の教員採用試験に落選、卒業後は奨学金返済のため都立高校の時間講師となり現在に至る。二児の父

児美川　孝一郎（こみかわこういちろう）
法政大学教授。日本教育学会理事。著書に『自分のミライの見つけ方』（旬報社）『高校教育の新しいかたち』（泉文堂）等

小宮　幸夫（こみやゆきお）
ゆとりある教育を求め全国の教育条件を調べる会会長。全日本教職員組合事務職員部長他役員を経て、公立小・中学校事務職員を退職

佐久間　亜紀（さくまあき）
慶應義塾大学教授。専門は教育学（教育方法学、教師教育、専門職論）。日本教育学会・日本教育方法学会・日本教師教育学会理事

198

佐藤　明彦（さとうあきひこ）
教育ジャーナリスト。『月刊教員養成
セミナー』元編集長。編集プロダクシ
ョン・株式会社コンテクスト代表取締
役

＊杉浦　孝雄（すぎうらたかお）
教育科学研究会常任委員。元都立高校
教員。『教育』2022年3月号、10月号
の特集「STOP!教職員の非正規化」の
編集を担当

長澤　裕（ながさわゆたか）
静岡市立中学校教員。全静岡教職員組
合書記長。静岡市教職員組合書記長。
全日本教職員組合臨時教職員対策部長

永峰　博義（ながみねひろよし）
兵庫県姫路市立小学校教員退職、現
在、兵庫教職員組合専従書記長

＊原北　祥悟（はらきたしょうご）
崇城大学総合教育センター助教。専門
は教育行政学、教育経営学。第一工業
大学助教等を経て、現職

宮本　健史（みやもとけんじ）
小学校特別支援学級臨時の任用教員。
よく学びよく遊ぶ、さすらいの臨時教
員。趣味はランニングと街歩き

＊山﨑　洋介（やまざきようすけ）
ゆとりある教育を求め全国の教育条件
を調べる会事務局長。公立小・中学校
教員を退職後大阪大学大学大学院・院
生。編著に『もっと！少人数学級』（旬
報社）2021年など

教員不足クライシス
非正規教員のリアルからせまる教育の危機

2023年6月1日　初版第1刷発行

編　者
山﨑洋介・杉浦孝雄・原北祥悟・教育科学研究会

ブックデザイン
木下 悠

編集担当
熊谷 満

発行者
木内洋育

発行所
株式会社旬報社
〒162-0041
東京都新宿区早稲田鶴巻町544　中川ビル4F
TEL 03-5579-8973　FAX 03-5579-8975
HP https://www.junposha.com/

印刷製本
精文堂印刷株式会社